佛陀的容颜

李惠东 / 著

漓江出版社

图书在版编目（CIP）数据

佛陀的容颜 / 李惠东著. -- 桂林：漓江出版社，2020.6（2024.9 重印）

ISBN 978-7-5407-8441-6

Ⅰ. ①佛… Ⅱ. ①李… Ⅲ. ①佛像 - 造像 - 研究 - 中国 Ⅳ. ① K879.34

中国版本图书馆 CIP 数据核字 (2020) 第 052393 号

佛陀的容颜

FOTUO DE RONGYAN

作　　者　李惠东
出 版 人　刘迪才
策划编辑　符红霞　杨　静
责任编辑　杨　静
装帧设计　杨　毅
责任监印　黄菲菲

出版发行　漓江出版社有限公司
社　　址　广西桂林市南环路 22 号
邮　　编　541002
发行电话　010-85893190　0773-2583322
传　　真　010-85890870-814　0773-2582200
邮购热线　0773-2583322
电子信箱　ljcbs@163.com
微信公众号　lijiangpress

印　　制　北京中科印刷有限公司
开　　本　710 mm × 1000 mm　1/16
印　　张　17.5
字　　数　100 千字
版　　次　2020 年 6 月第 1 版
印　　次　2024 年 9 月第 6 次印刷
书　　号　ISBN 978-7-5407-8441-6
定　　价　98.00 元

佛陀头像　北魏　洛阳博物馆　姜维拍摄

序一

人类的每一个文明的发展都与迁徙有着密切的关系，丝绸之路是欧亚大陆人类迁徙历史最为悠久之路，也是经久不衰的文化传播之路。中华文化与世界文化的发展息息相关，自古的文明交汇与兼容并收，创造了延绵不断的中华文明，在世界四大文明古国中，只有中华文明没有中断并延续至今，这是值得所有华夏子孙无比自豪的事。

从中国古代文明曙光的开启到盛世大唐打造出盛世中华文化的演进过程，恰好成为我们打造新时代中华文明可以借鉴的最好范例。正如李惠东先生在本书中的总结，盛唐艺术是国际化的艺术潮流，从南北朝建构的华夏风骨到盛唐文化的华丽、饱满、恢宏、伟岸的气度，造就了盛唐文化宏伟气度与神圣辉煌的华夏风范。敦煌艺术之所以成为世界文化艺术研究的焦点之一，与盛唐文化的巅峰不无关系。

而李惠东先生之所以能有此书的著述，更与敦煌的盛唐彩塑艺术有着不解之缘。2014年他就在敦煌论坛上宣讲过论文《力量与象征》，从莫高窟194窟的盛唐金刚力士的造型分析入手，论述了古代的艺术家对“势”与“境”的理解和艺术转换的思考，解答了古代艺术创造的观察方法、认识方法和艺术表现方法等问题。这本书的思路更是缘起于他在2017年参加敦煌与丝绸之路国际学术研讨会的论文《从佛陀造像的面部特征看民族文化艺术的融合与演变》，他以莫高窟最早开窟之一的275窟与盛唐塑造的130窟（南大像）弥勒造像为例，从造像面部形象的造像学特征比较，贯穿不同时代的佛陀造像面部特征分析，借此管窥中国佛教造像艺术的演变之路，论文通过体质人类学的旁证，阐述了佛教造像传播过程中人种、民族的变化对造像产生的影响。《佛陀的容颜》一书的雏形此时已初见端倪。

《佛陀的容颜》一书以论文原型为基础，广泛地借助体质人类学、历史学、地理学等学科的研究成果，从人类迁徙的视角，引出民族融合与文化融合的深层问题，论述了从文化认同到艺术形式演变的各个方面。从造像学角度入手借用艺术考古学的方法与成果，对雕塑造像学的理论研究加以剖析和论证，更加深刻地把造像特征与古代艺术家的创作理念紧密关联在一起，在理论上丰富了中国雕塑史中关于佛教彩塑造像演变的篇章，在学术领域中补充了艺术学与考古学两大学科的连接地带，对未来多学科合作深化艺术领域研究，以及指导艺术创作思路引领了方向。

令我感到意外的是本书的书写方式，他用直白、简练、概括的语言，借助大量的图解，让读者对以往看似极为复杂的问题一目了然，把严谨、沉稳、枯燥的学术专著变换成针对大众群体的科普读物，小标题、短文字，大白话但又不失学术高度，是非专业人士甚或小孩都可以轻易读懂的专业书籍。这种方式更适合专业学术普及化的时代需求，符合我国文化艺术方略的要求。文化传承需要普及文化素养，文化素养的提高需要对传统文化艺术的精华做全新传播与推广，普及型专业读物更是其中之一。

本书的出版要郑重感谢漓江出版社慧眼识珠，能给我们的青年学者们提供广阔的学术舞台，也感谢出版社的魄力，敢于运用新颖的书写、出版模式，使青年学者们展现自身的学术魅力和社会价值，同时也把新思想、新意识传播给更多的文化、艺术、历史的爱好者们。

教育部长江学者特聘教授
兰州大学敦煌学研究所所长
郑炳林
2019年9月于兰州大学

序二

中国彩塑作为世界文化遗产的艳丽一笔在世界艺术舞台上经久不衰，其历史渊源与佛教艺术的发展密切相关。中国传统彩塑艺术的遗存也是以佛教雕塑艺术为最多，分布也最广泛，因此研究佛教造像艺术是中国彩塑艺术史研究的重中之重。

李惠东先生作为雕塑艺术的实践者，其艺术作品在雕塑界广为人知。近十年他结合自身的艺术创作，浸淫在对中国传统雕塑艺术创造理论的研究与实践之中，在其作品中可以清晰明确地看到其研究成果的缩影。基于对这些研究成果的总结和深化，逐渐发表论文并开始著书立说。本书中所著述的佛陀容颜的演变史研究，以点带线、以线带面，以佛教造像的传播路线和重要节点时间流变贯穿全书。他从不同时期造像总体特征的对比入手，通过对东西方传统雕塑艺术造型规律的深刻剖析，挖掘其形式背后的文化来源；从艺术家观察生活的角度分析不同时代造像特征的生活来源；从创作者的审美角度分析不同时代造像的创作思路。进而探寻出中国传统艺术在造型观念方面的发展脉络，借此重新认识中华“民族传统文化”的精髓，并在当代雕塑艺术创造和文创作品创造中加以充分运用。

中华五千年的文化传统中有关古代雕塑艺术的创造理论体系业已失传，至今没有一个完整的、新时代的雕塑艺术创造的理论体系形成，以至于中国现今的艺术审美理念一直沿用西方的审美体系与评价标准。李惠东先生借助实践者的切身感受与心得，从中国传统雕塑造像的实物研究入手，运用艺术考古学的方法与成果，借鉴中国传统绘画、书法等艺术理论知识，为我们研究和梳理中国古代雕塑艺术审美体系和评价标准开启了新的篇章。

鲁迅美术学院院长

李象群

2019年7月于鲁迅美术学院

给佛陀看相

这是一本看“脸”的书

关于佛像造像的书籍浩如烟海，却很难找到一本只聚焦头部的、严谨的“脸书”。“脸面问题”，往专业里讲，是雕塑领域的大事；往深里说，需要多个学科的研究成果来印证。我们经常会判定某个造像的面孔是什么时期的，然后引用几个前人总结的词去形容它。问题是，为什么对应这几个词的是这样的一张脸?这张脸与另一张脸的本质区别是什么?为什么有这种区别?这些问题也是替我的学生问的，因为没有找到能把这些问题解释得通透的书，所以就自己写了一本，谈谈佛陀头像的演化历程。

不只是一张脸的问题

为了把佛陀的容颜讲清楚，我说得最多的，反倒是这张脸背后的东西。佛陀的造像，并非单纯的艺术成果，它是历史的产物。族群的迁徙、历史的演进、环境的变化、观念的嬗替，这一切都影响着佛陀的容颜。每一个改变，都会在面容上生成新的特征。正是这些特征，指引我们上溯时间的长河，回到历史现场去解码，去探究真相。

一本能让读者“入对门”的书

艺术不是要拒人于千里之外，艺术鉴赏也没那么玄乎。很多入门书，读者看了却入不了门。因为是把学术文本简单删改一下就当作普及读物推给大众了。缺少诚意，也无法保证沟通的效果。《佛陀的容颜》这本书，要分享的是方法，却是亲和的方法。我把复杂问题简单化了，以便读者可以快速地理解、记忆，然后，最重要的当然是“掌握”。只有这样，读者才算入对了门，入得了门。

丝绸向西，佛陀向东

佛陀造像沿着丝绸之路一路走来，历经近两千年的熔炼，在世界艺术舞台上引领着东方神韵的创造。在这条路上，文化融合经久不衰，也留下诸多文化遗迹。雕塑艺术比文字和语言更直观，用造型、图像、形式传递文明的乐章，减少了因为语言文字的转译而产生的歧义和误解。可以说，这近两千年来，佛陀造像也是作为一门不断变化的世界语言，沿着丝绸之路向东迈进。

“心新相映”才能“象由新生”

在这本书中，我并非专谈历史，我也想探讨当代。我们正亲历着中华民族的伟大复兴。这个时代需要新气象、新风骨，更需要新风范。“新”的产生需要我们去研究和深刻领会传统艺术的精髓，找到古人内心的精神原点，创造性借古融今、通古达今，从而实践“心新相映”的审美理念，也才能实现“象由新生”的文化理想，这应是文化传承的根本途径。

以《佛陀的容颜》为例，这本书首先要还原历史时空，探究来龙去脉。在时代背景下，悟其道，明其理，知其然，知其所以然。如果没有这个思路，就只能看到表面化的符号和形式，思想就会像打补丁一样不得要领。

通俗易懂是个很难的事，我尽力了

这本书写作的初心，也是希望为雕塑艺术的知识普及尽一份微薄之力。本书将追逐“专业研究通俗化”的表达方式，远离术语的云山雾罩。一直以来，我主要从事艺术实践创作研究，写这么一本书已是破天荒的头一遭，还要兼顾专业性和趣味性，实在是巨大的挑战。在主编的再三鼓励和催促之下，费了九牛二虎之力才赶出来，疏漏难免，欢迎指正。

李惠东

目录

第四章　北朝：建构华夏风骨　131

第一章

贵霜

外来者的推动

佛陀造像并不是和佛教一起产生的

佛教产生于公元前6世纪，而佛陀造像产生于公元1世纪，两者之间相差了约600年。为什么会不同步呢？这还得从佛陀说起。

佛陀足印　公元 3 世纪　印度德里国家博物馆
刘子璇拍摄

释迦牟尼是觉悟者，并不自认为是神，所以早期并不流行佛像

释迦牟尼被称为佛陀（Buddha），意思是觉悟者、觉醒者。与他同一时期，中国出现了老子、孔子等诸子百家，希腊出现了苏格拉底、柏拉图、亚里士多德等西方大哲，巴勒斯坦出现了以利亚、以赛亚等先知，因此也有人把这一时期称为人类文明的“轴心时代”。这些觉醒者照亮了他们生活的那个巫教时代，成为引导他人觉悟的精神导师。

释迦牟尼从一开始就没打算搞偶像崇拜，他在世时，也并不主张弟子们对他进行形式上的崇拜，更不提倡为自己塑像。因为他知道自己不是神，死亡永远是避不过去的事实。在佛教初期，追随者也一直遵奉这样的教导。弟子们认为“如来身者，不可摸则，不可言长、言短，音声亦不可法则”。孔雀王朝阿育王时代大兴佛法，他尊崇小乘佛教，把佛教上升到国教的地位，置释迦于神的地位，用于统治臣民；但即便如此，仍然不准雕造佛陀造像，仅以象征物如佛脚印、大象、菩提树等替代。

“统治术”的需求，使佛教的传播逐渐演化成像教的模式

萨尔纳特狮子柱头　公元前 3 世纪
萨尔纳特考古博物馆
刘子璇拍摄

释迦牟尼涅槃600年后，大乘佛教兴盛。为了配合“王权神授”这一政教合一的统治目的，政治社团与宗教社团开始神话教主、神话王权。他们强调佛国与世俗人国统治者的承继关系，欲塑造神一样的人间偶像以教化大众，于是佛陀的造像产生。同时统治者为了更广泛地扩大其影响力和统治区域，佛教被逐渐演化成“像教”，佛陀的身份也由觉醒者向神转化。

但并不是说在这之前就没有佛教故事的造像或画传出现，只是还没有上升到偶像崇拜或作为神的象征而创造独立的佛陀造像。例如，在孔雀王朝时期，以阿育王石柱为代表，更是以狮子吼的造型象征佛陀的教诲与佛法的至高无上，以象、牛、马、狮代表东、南、西、北四方，象征佛法充满世界各个角落。在巽伽王朝时期，巴尔胡特塔庙中也是以法轮、莲花、伞盖等代表佛陀的存在。

这种替代现象持续了相当长的时间。目前从考古出土的文物来看，直至贵霜王朝的迦腻色伽时代才出现真正为人所崇拜的佛陀造像，佛教进入了偶像崇拜的像教时代。此时离释迦涅槃已相去近600年。

托胎灵梦　公元前 2 世纪　印度桑奇大塔
宁孜勤拍摄

礼佛图　公元前 2 世纪　印度桑奇大塔
宁孜勤拍摄

最早的佛陀造像并不是佛陀的老乡塑造的，竟然出自“中国人”之手

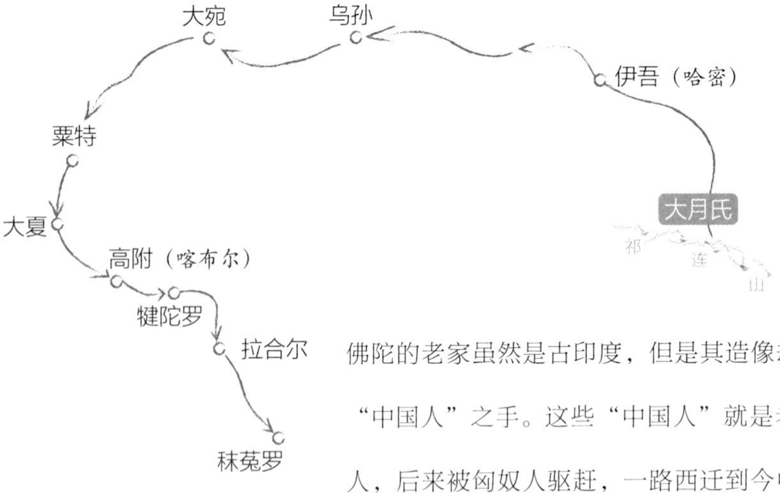

佛陀的老家虽然是古印度，但是其造像却首先出自他的邻居“中国人”之手。这些“中国人”就是老家在祁连山的月氏人，后来被匈奴人驱赶，一路西迁到今中亚阿姆河流域，公元前125年，他们征服了大夏（在今阿姆河、锡尔河流域，此前被称为巴克特里亚）。当年张骞“凿空”西域，就是为了寻找月氏人，联合攻打匈奴，但是月氏人没答应。后来月氏人的一部贵霜强大起来，经丘就却统一五部、阎膏珍扩大疆域，建立了贵霜帝国。有了贵霜帝国，才有了佛陀造像，故事才刚刚开始。

当外来统治者要利用佛教证明“王权神授”，释迦牟尼也被变成了神

说到这里，要讲一讲贵霜王朝的创始人丘就却。据考证，贵霜是大月氏政权征服大夏后分封的五翖侯之一。后来他统一五部并迅速南下，占领了犍陀罗、罽宾、迦毕试等地。贵霜是外来族群，新占领的区域又盛行婆罗门教。为了巩固统治基础，丘就却推行宣扬众生平等的大乘佛教吸引平民百姓，进而塑造“王权神授”的政权合理性，使其变成巩固统治的有力手段。

贵霜统治者看中了“转轮王”的说法，宣称自己是佛陀在俗世的化身

没有考古发现能证明丘就却时期产生了佛陀造像，但有证据表明是在丘就却时期建立了转轮王（法王）转世的理论系统，从而把佛陀的神性转移到世俗王者身上，暗示自己是佛陀认可的俗世最高统治者。犍陀罗和秣菟罗地区出土的好多王者造像，其装扮类似于佛陀的早期形象。这可以看成是佛陀造像诞生的序曲。

丘就却曾在罽宾组织过一次大乘佛典集结。之后，转轮王作为俗世的最高统治者被纳入佛教理念中，不仅被赋予了与佛陀一样的三十二相，甚至连葬礼也是一样的。而这些在此前的大乘经典中并无痕迹，反而在耆那教、拜火教的教义中有所体现。在塔克西拉建造的法王塔，供奉的就是丘就却的舍利，这足以说明其安葬规制是按佛陀的规格实施的。

贵霜的另一个王迦腻色伽，在佛教文献中，更是以转轮王的形

象屡屡出现。犍陀罗佛教造像艺术中开始有大量的转轮王的印迹，其造型更是与弥勒菩萨像一致。

每个君主统治时期，转轮王的形象都有所不同，都加入了统治者自己的面部特征。所以，早期的犍陀罗和秣菟罗的佛陀造像特征就是“佛与王的混合”，后来的每个统治者在造像时，都习惯沿用这种方式，在佛像的面容塑造上融入自己的容颜特征，如龙门奉先寺的卢舍那大佛就是按照武则天的形象塑造的，云冈石窟的昙曜五窟象征北魏五朝五代皇帝的形象，就是这么来的。

对于大字不识的信众来说，造像和图画是最佳的传播手段

佛陀造像产生的另外一个原因是为了教化大众。大乘佛教主张“众生平等”，寻求“普度众生”，为教化大众而逐渐出现了偶像化的佛陀形象。小乘佛教信仰佛陀，更看重个体的觉悟，因此不制造偶像来膜拜。

政治信仰和宗教信仰都需要赢得更广大的民众的支持和理解，而民众的文化基础差异非常大，不同民族的语言和习俗差异也非常大，单纯依靠语言和文字无法迅速沟通和理解。而舞蹈、雕塑、绘画这些以人物肢体语言为造像艺术的形式，向劳苦大众讲述故事、传奇和神迹，却不会有很大障碍。就这样，口口相传的内容得到形象化的表现，略加讲解便能让人明白并形成深刻的形象印记，是再合适不过的教化工具了。

贵霜肩负佛像传播的大任，因为它地处东西方交流的十字路口

阎膏珍金币 公元 1—2 世纪
重量 15.9g 直径 2.5cm
梵亚美术馆提供

贵霜帝国地处几大文明的交汇地带，堪称世界文明的十字路口。从马图拉（秣菟罗）出土的迦腻色伽雕像和阎膏珍金币[1]上的铭文可以看到，贵霜王的头衔五花八门，涵盖了四大古国对王者的所有称谓。有来自印度的传统称谓“大王”，波斯的“众王之王”，还有中国的“天子”，罗马的“恺撒”。

正是因为具备了这种地理优势，一旦佛陀造像随着大乘经典的成熟而产生和兴盛，便能迅速地从贵霜向周边流传开去。而且，从风格来看，贵霜时期的造像也吸收了来自四面八方的多种造像模式特征。信仰的混杂、文化的互撞，造成各教派之间教义上的互相吸收和借鉴，在造像和图画中表现出的内容，也呈现出混杂的现象。同一个造像或画面中，有可能出现不同教派的符号化的特征。这种“不纯净”，反倒成为助推的力量，有利于将造像传播到不同区域。

① 阎膏珍是第一个使用金币的贵霜王朝君主，也是印度历史上第一位发行与使用金币的君主。阎膏珍是贵霜帝国的第三任君主，约公元 1 世纪后半叶在位。他在位期间贵霜国势强盛，征服了阿富汗和印度半岛西北部，与中国汉朝和罗马帝国保持友好关系，相互间有贸易往来。这枚金币正面是带有燃肩的国王坐像，左手持棒。正面的铭文就是阎膏珍王，背面是风神立像，右手持三叉戟。后面是瘤牛。背面铭文：大王、王中王、全世界的支配者、伟大的支配者、救世主、阎膏珍。

贵霜的两大造像中心：犍陀罗、秣菟罗

从丘就却的曾孙迦腻色伽时代开始，我们发现转轮王与佛陀形象同时存在了。神佛崇拜和君王至上的本土造像传统和希腊神格造像理念相互影响，树立君王个人偶像崇拜，必须借用佛陀赋予的转轮王神力，这也就是他们造像的原因，有丘就却和迦腻色伽时期的法王塔及其发行的钱币为证。

到迦腻色伽统治的时候，也正是进行佛教典籍第四次大集结的时期，大量的独立佛陀造像开始出现。目前发现最早的佛教造像遗存就是在这一时期的犍陀罗[①]和秣菟罗地区。它们代表了贵霜帝国时期不同地区的造像风格。此外还有一个阿玛拉瓦蒂，作为南部的代表，它并不在贵霜帝国的统治范围内。

① 犍陀罗，自古是印度的西北门户，外族入侵的必经之地，连接印度与中亚、西亚和地中海世界的纽带，东西方文化交汇的十字路口。犍陀罗文化地理范围为：东南到呾叉始罗，西北到阿伊尔塔姆，西到巴里黑与巴米扬（Bamyan），东到斯瓦特河谷（Swut）。《大唐西域记》卷二：“犍陀罗国东西千余里，南北八百余里，东临信度河。国大都城号布路沙布逻，周四十余里。王族绝嗣，役属迦毕试国。”

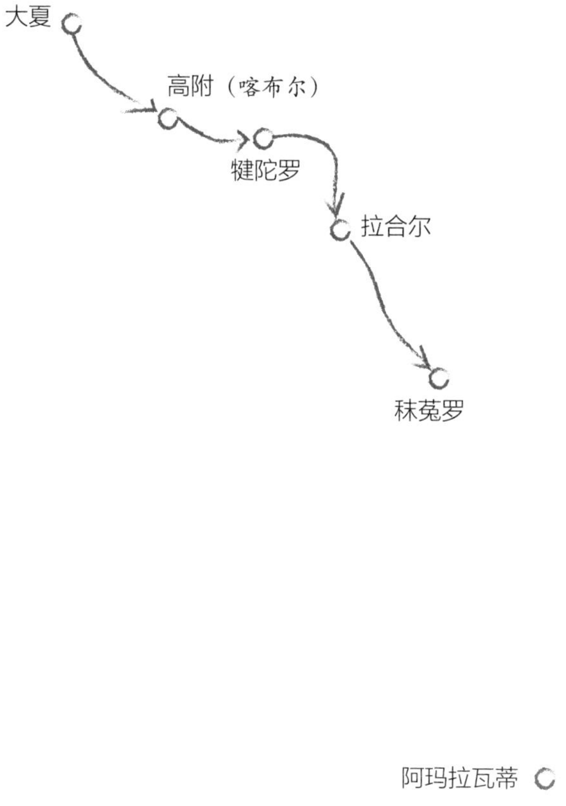

迦腻色伽雕像　高 1.85 米
公元 2 世纪　马图拉博物馆
李翎拍摄

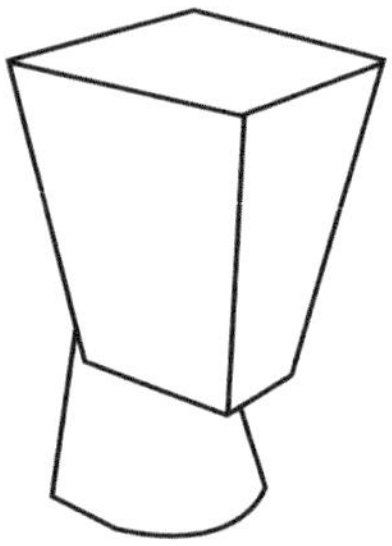

犍陀罗佛陀造像头部总体特征
正面、侧面都为倒梯形的六面体

犍陀罗风格：长着希腊人面孔的佛陀

佛陀头像 犍陀罗 公元 3 世纪
美国纽约大都会博物馆
宁孜勤拍摄

你可以记住这个标题，但不要把这句话当成真理。因为这些造像还是混杂了很多本地人的特征，也有波斯甚至罗马的影响。单说面孔——胡须的形态、眼窝的深度、颧骨的高度——都呈现出本土特征。当然，整体的造像风格和雕刻技法无疑都是希腊化居于主导地位的。胡须的标记或可看作是其印度标志的典型特征，希腊化造像也有胡须，但是和这种古印度王族特有的蓄须形式大相径庭。

创作者也在有意识地为佛陀找寻更本土化的表现形式。但是被希腊化熏染的根深蒂固的造型习惯，引导他创造出了这种特殊的假借模式——希腊人的脸贴着印度人的胡须。犍陀罗早期的部分佛像的胡须特征与转轮王和弥勒菩萨的别无二致，后来就完全没有胡须了。

佛陀头像　公元3世纪　犍陀罗　底特律艺术学院美术馆藏　宁孜勤拍摄

贵霜人欣然接纳了亚历山大的馈赠

犍陀罗风格的形成可以说是亚历山大的艺术馈赠。也可以说犍陀罗风格是从“具有佛陀标志的希腊雕刻”开始的，它继承了希腊艺术的创造理念：把神人性化，以最完美的人的形象表现神者、圣者、觉醒者。

在来自中国祁连山下的月氏人征服本地区之前，犍陀罗地区曾长期被希腊文明侵蚀（虽然在公元前6世纪到公元前4世纪被波斯帝国统辖并受其文化艺术的熏陶）。马其顿帝国亚历山大大帝将其疆域扩展到达巴克特里亚和印度河流域，他死后，仍有希腊士兵继续服从于后续的塞琉古王国，以及随后独立出来的小王国。希腊化的移民定居在从阿姆河到印度河的广大地区，成熟的希腊审美体系和精练的造像技艺落地生根，为佛陀造像的诞生提供了充足的准备。因此，当后继的贵霜统治者决定运用佛教作为其统治工具的时候，他们理所当然地顺手拿来，为其所用。这就使得犍陀罗早期的佛陀造像有着希腊人的面容。

犍陀罗人开始塑造新的偶像人物时，首先还原了佛陀作为人的本质。这等于重新塑造一个真实的人的形象，而写实能力恰好是希腊化艺术最为擅长的，于是我们看到，犍陀罗早期的佛陀造像，几乎就是在希腊神像上加入了一些具有本土人种特征的符号化标记。

亚历山大帝国

为什么是希腊风格，而不是月氏风格？

并不能说月氏人的造像传统匮乏，但作为游牧民族，他们的造像在材质选择以及体量上都受制于移动。因此，月氏人从占领巴克特里亚地区开始，就被希腊人的造像风格折服，直接取用。这种“拿来主义”，包容而豁达。他们直奔主题，迅速吸纳了希腊化的雕塑风格，作为给统治者树碑立传的宣传手段。

宙斯头像　希腊　美国大都会博物馆　作者拍摄

为什么是佛教，而不是婆罗门教？

游牧民族的包容和吸纳能力，使其信仰的宗教也比较繁杂，随着迁徙地区的更换，尊崇的神明也随之增多，贵霜人就信过拜火教、儒教、耆那教、基督教、佛教，而为什么最终选择佛教治国，恐怕与犍陀罗地区的历史有关。

早在大夏帝国统治时期，佛教信仰被印度本土的婆罗门教视为异教邪说而排斥在外，时值印度巽伽王朝力兴婆罗门教，佛教被压制，大量的佛教徒被赶出中印度，佛教的中心开始逐渐偏向西北印度。这一时期的佛教也开始吸收其他教派的大神们进入本教作护法或菩萨，以便吸纳更广泛的信众。当贵霜人进入西北印度，面对的就是众多的佛教信众。而其教义和教旨都刚好迎合了外来政权的君主在统治上的需求，贵霜人支持佛教，赞助佛教，使用佛教，把自己融入其中，逐渐获得其政教合一、王权神授的正统法位。

佛教造像最先产生于犍陀罗？

目前的史料推论和考古实证都可以确定，佛陀造像产生的时间在公元1世纪左右，但是产生的地点到底在哪里却有着很大的争论。有人认为佛陀造像产生于犍陀罗。

有了犍陀罗地区孔雀王朝阿育王等君主的推动，佛教开始在这一区域繁荣发展，后来的外来统治者都任用高僧担任国师，以便与广大信众沟通。而在贵霜帝国之前，统治时间最长的政权当数巴克特里亚的希腊人，他们在此地统治了长达一个多世纪。自被亚历山大的马其顿帝国洗礼后，在巴克特里亚和犍陀罗，希腊化的造像艺术风格，就一直在这一地区盛行。

佛陀坐像　犍陀罗　于轶群拍摄

犍陀罗，这张脸有希腊血统，但又不是希腊脸

犍陀罗风格：波发、头颅宽、眼窝较深、鼻翼窄小、嘴唇较薄、下巴尖薄、耳垂至唇缝线一豆、眼裂较小、眉弓弯曲、额头低宽、嘴角上翘

乍一看是希腊风格，仔细比对后，不难看出诸多细节上的改造。拗口一点总结：犍陀罗佛陀造像是近乎摹写本土人种特征的真实性与佛典描绘的混合体。这两种东西，被技艺纯熟的希腊造像的塑造手法弥合得天衣无缝。有无印度式的胡须特征只是犍陀罗造像前期与后期的一个区分标志，而头颅形态的高低长短、脸型的长短宽窄、眉弓的位置与弧度、眼窝的深浅变化，才是判别印度人种与其他人种特征的着眼点。

眉弓位于整个头长比例的黄金分割点的特征与希腊造像一致，眉弓较希腊造像向上弯曲，而希腊造像较平直；眼球部分较希腊造像前凸，所以显得眼窝较浅；鼻翼与鼻根部呈正梯形，希腊较方，鼻头较大，鼻翼较宽；犍陀罗早期有胡须，晚期无胡须。同希腊化真人写生手法一致，造型手法和局部特征都很希腊化。犍陀罗晚期两种风格并存，还有秣菟罗风格的混入，更趋向螺发髻。

记住这些特征，你也是专家

犍陀罗风格造像的分支
——“水升火热”的迦毕试

佛陀造像向西翻越兴都库什山的第一站，就是贵霜人早期占领的迦毕试[①]城，也是贵霜王朝的夏都。迦毕试的佛陀造像，五官形象与犍陀罗的如出一辙，但脸的轮廓宽了许多，接近正方形，并且多出了双肩的火焰和双脚下的水柱。水托双脚、双肩燃火的佛陀，好似升腾、悬浮在半空中显现佛迹。

从佛典中描述的“舍卫城神变”“火光定”“火焰三昧”“燃灯佛授记本生”中，都可以找得到“火”“水”的出处，并且这种风格与贵霜金币上描绘阎膏珍燃肩的形象也颇为相似，而金币上的火焰纹与波斯拜火教的渊源更深。在这里，我们只谈面部造像的特征，不具体讨论其他特征。

① 迦毕试，其地在今阿富汗西部兴都库什山以南的喀布尔河流域。据《大唐西域记》（中华书局，2012 版，董志翘译注）卷第一——三十四国记载：“迦毕试国方圆四千多里，北边背靠着雪山，其余三边靠近黑岭。该国大都城方圆十多里。适宜种植谷麦，水果、树木很多。出产良马、郁金香。其他地区的珍奇货物，大多汇聚到这个国家。……国王是窣利种姓，有智慧谋略，性格勇敢刚烈，威望震慑邻近国家，统领十多个国家。”

舍卫城神变　公元 3 世纪　高 81 厘米　巴黎吉美博物馆藏
引自《印度美术》王镛著

迦毕试佛陀造像，
脸的轮廓宽了许多，
接近正方形

巴米扬石窟西大佛 高55米 公元5世纪 阿富汗巴米扬 引自《佛教艺术经典》（阮荣春主编）

佛陀造像的西进终点站
——巴米扬，留给世界的一道谜语

巴米扬大佛并不是最早的大佛，最早的大佛在陀历；巴米扬大佛也不是世界上最有名的佛像，但当它遭遇浩劫，被塔利班炸毁之后，却蜚声世界。换句话说，当它从历史中永远消失之后，才真正出现在世人面前。

数以千计的佛教石窟遗迹显示，巴米扬与中国古代的龟兹、敦煌一样，都曾是丝绸之路上一个僧侣云集、佛教美术繁荣兴盛的佛教文化中心。巴米扬见证了玄奘①、法显曲折的取经历程。但巴米扬却是佛教造像西传的终点站。因为帕提亚、萨珊王朝崇信拜火教，终止了佛教造像的西传。巴米扬大佛是弥勒佛造像，也是迦毕试以西最著名的佛陀造像遗址。已知各国早期大佛，大部分都是弥勒佛造像，可见当时弥勒信仰已开始广泛流传。巴米扬大佛的风格，从残存的躯干部分看，更趋向于迦毕试和秣菟罗的组合；但是它的脸似乎永远是一个谜，因为从来没有关于其面部的描绘。

① 玄奘（602—664），本名陈祎，洛州缑氏（今河南洛阳偃师市）人。唐代著名高僧，法相宗创始人，被尊称为“三藏法师”，后世俗称“唐僧”，与鸠摩罗什、真谛法师并称为中国佛教三大翻译家。为探究佛教各派学说分歧，玄奘于贞观元年一人西行五万里，历经艰辛到达印度佛教中心那烂陀寺取真经，前后十七年，遍学当时大小乘各种学说。645年，玄奘归来一共带回佛舍利150粒、佛像7尊、经论657部，并长期从事翻译佛经的工作。玄奘及其弟子翻译出典75部（1335卷），译典著作有《大般若经》《心经》《解深密经》《瑜伽师地论》《成唯识论》等。《大唐西域记》十二卷，记述他西游亲身经历的110个国家及传闻的28个国家的山川、地邑、物产、习俗等。《西游记》即以玄奘取经事迹为原型。玄奘被誉为中外文化交流的杰出使者，因其爱国及护持佛法的精神和巨大贡献，被鲁迅誉为“中华民族的脊梁”、世界和平使者。他以无我无人无众生无寿者相、不畏生死的精神，西行取佛经，展现了大乘佛法菩萨度化众生的精神。他的足迹遍布印度，影响远至日本、韩国，乃至全世界。

怛逻斯
素叶
高昌(吐鲁番)
跋禄迦
阿耆尼(焉耆)
佉沙(喀什)
货利习弥伽
(花剌子模)
飒秣建(撒马尔罕)
铁门
折摩驮那(且末)
纳缚波(若羌)
揭盘陀
瞿萨旦那(和田)
梵衍那
(巴米扬)
迦毕试
犍陀罗
迦湿弥罗
秣菟罗
奔那伐弹那
摩揭陀
憍赏弥

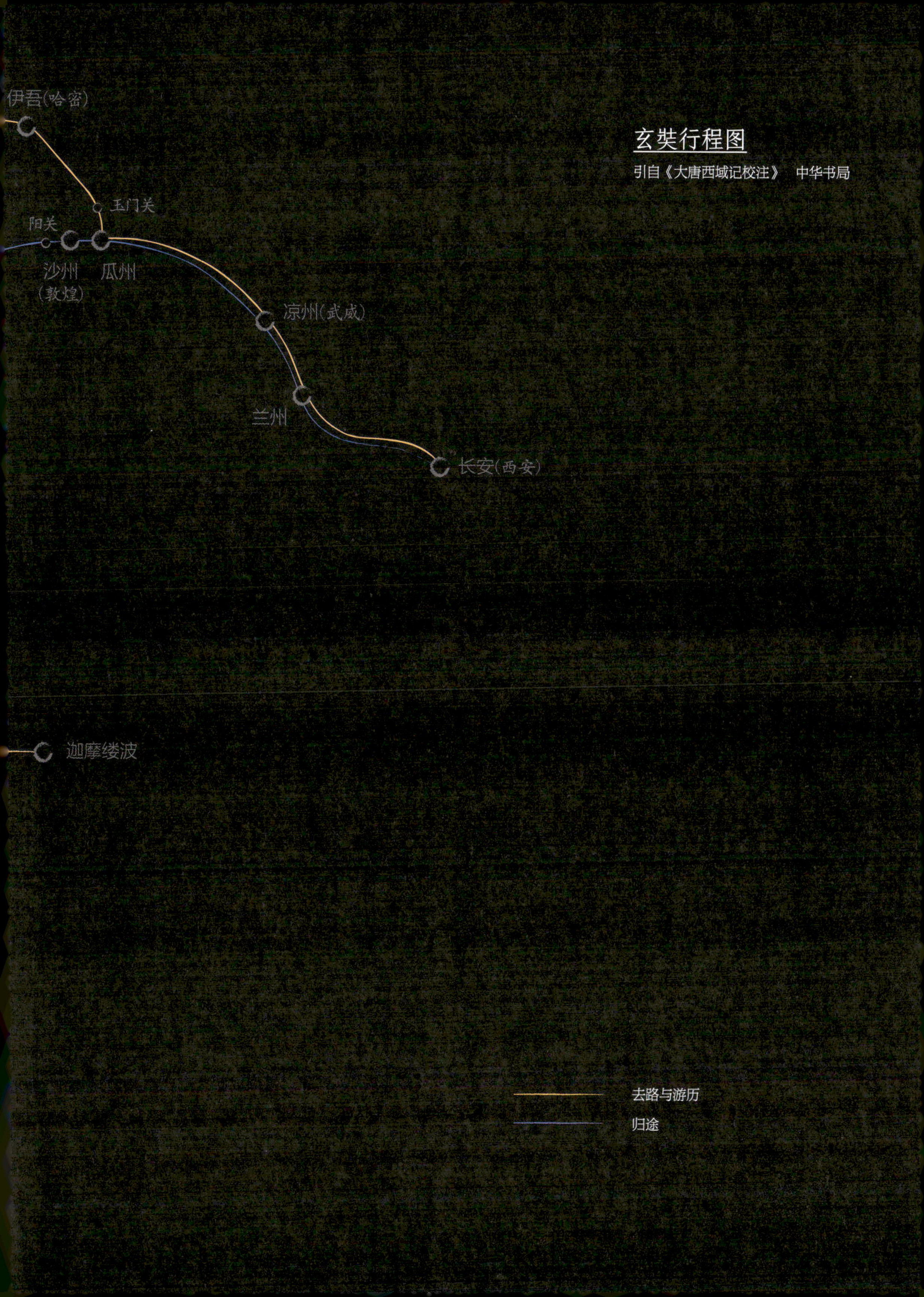

玄奘行程图

引自《大唐西域记校注》 中华书局

混血的开始——塔克西拉

今天的坎大哈和塔克西拉（呾叉始罗），以及向东到帕米尔高原的广大区域，在公元1世纪之初叫作罽宾，在贵霜时期成为佛教的中心之一。出土的大量佛教造像寺庙遗址可以证实其地理位置的重要。从汉末到唐朝，无数高僧大德经过此地往返于中印古国。喀喇昆仑公路沿线的文化遗迹见证着这片土地历史的繁荣。罽宾地处十字路口，是犍陀罗风格向东、秣菟罗风格向北传播的必经之地。它的造像因此显示出明显的风格混合现象。在罽宾的众多遗存中，塔克西拉最具代表性。

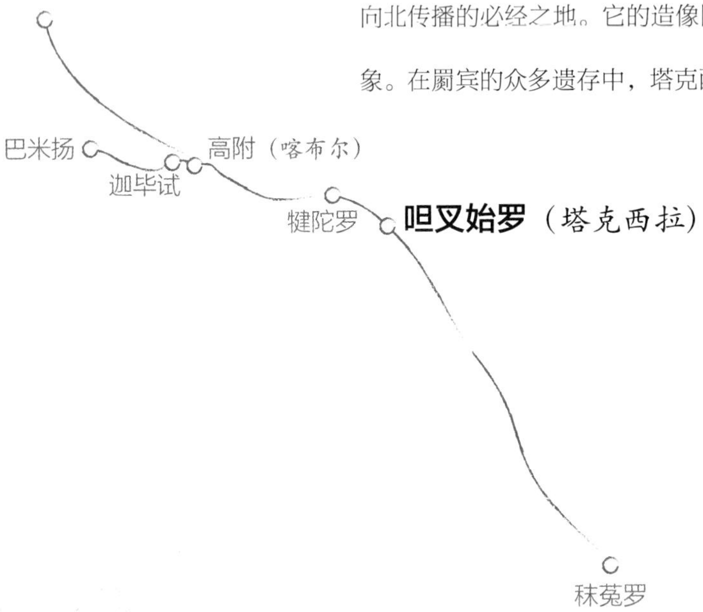

佛陀头像　灰泥　犍陀罗晚期　塔克西拉博物馆藏　引自《犍陀罗——来自巴基斯坦的佛教文明》（巴基斯坦，穆罕默德·瓦利乌拉·汗著）

记住这些特征，你也是专家

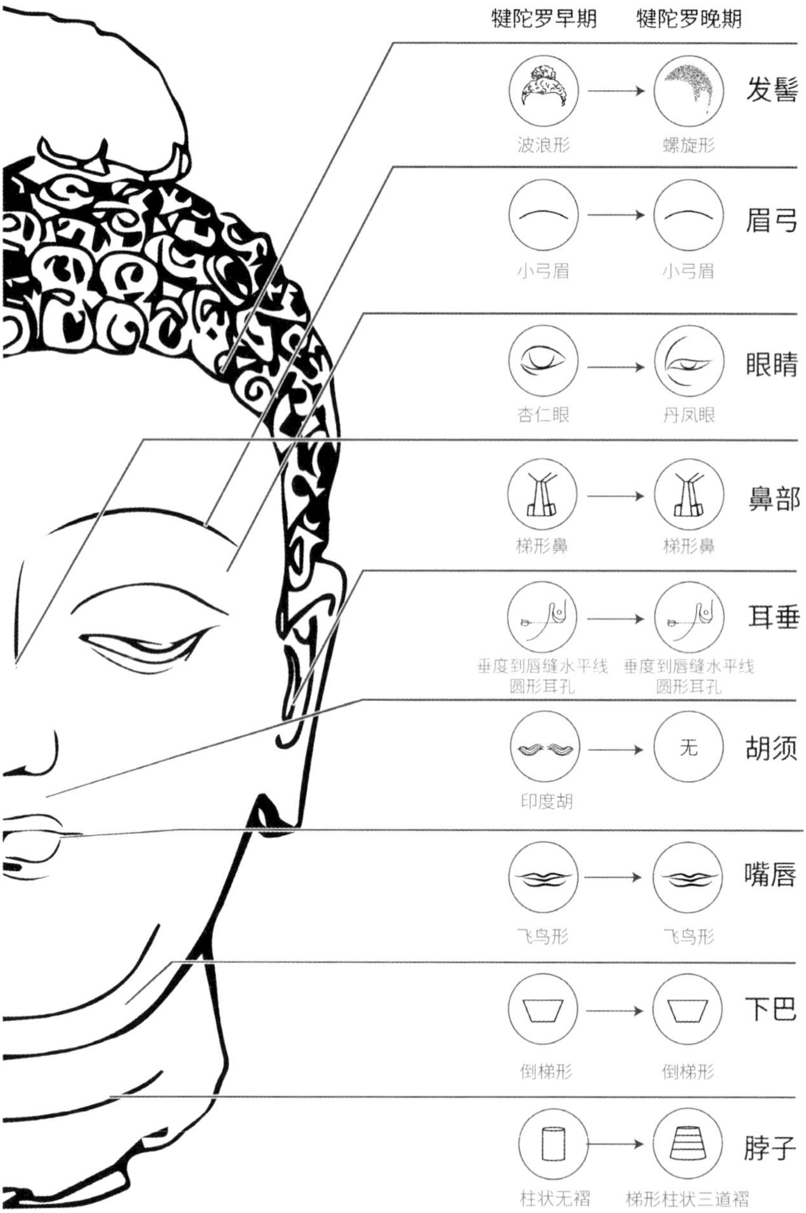

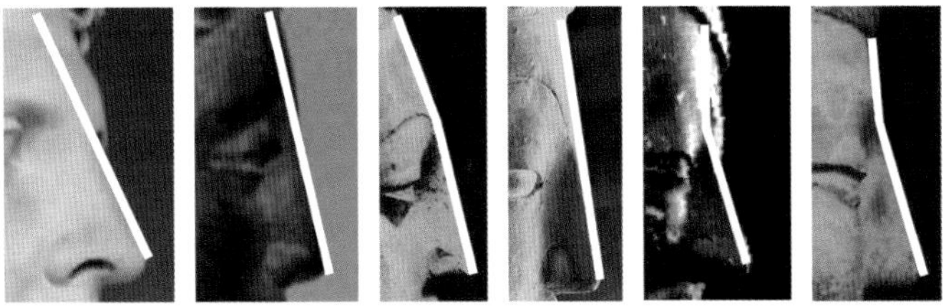

希腊　犍陀罗　新疆　西秦　北魏　唐

鼻子的密码

略带鹰钩的鼻梁特征是各时期佛陀造像的普遍特征。佛陀三十二相中并无鼻子特征的明确描述，而中亚和东亚人种的融合，在真正的北亚人种中才会出现“塌鼻梁”的特征，而佛陀造像经由之地基本在中纬度区域，因此鼻部特征保持了中亚和东亚人种的普遍特征。

希腊鼻　印度鼻　中国鼻

佛教造像最先产生于秣菟罗?

前面我们提到佛陀造像产生的时间在公元1世纪左右，但是对于其诞生地到底在哪里却有着很大的争论。有人认为最早的佛陀造像并非诞生于犍陀罗，而是诞生于秣菟罗①。

秣菟罗地区可以说是佛陀的大本营，佛陀的著名圣迹遍布于此。诸如，佛陀的诞生地蓝毗尼、成道地菩提伽耶、初说法地鹿野苑（萨尔纳特）、重要传教中心祇园精舍与王舍城、涅槃地拘尸那迦，以及释迦族的集居地迦毗罗卫和释迦死后的第三次结集地华氏城，均属秣菟罗地区。秣菟罗的地理位置处于印度河、恒河文明的交汇地，从该地区保存和出土的阿育王时期和巽伽时期的造像来看，造像本土化的风格已经确立，婆罗门教与耆那教的神像体现出浓厚的中印度本土风格。近年来考古发掘出大量的与犍陀罗同时期的佛造像，也证明了这一地区曾经是佛陀造像的发源地之一。

① 秣菟罗，在佛陀时代（公元前6—公元前4世纪），记为苏罗娑国，都城秣菟罗，为印度次大陆十六大国之一，后被摩揭陀国灭。此地处于印度古代交通要道上，今在印度北方邦马图拉市，地理坐标：北纬27.2700度；东经77.4312度，亚穆纳河西岸。秣菟罗国在许多汉典中有所记述。在《佛国记》中作摩头罗国，另外还有记作摩偷罗国等。据《大唐西域记》卷四之“秣菟罗国”记载，“秣菟罗国周五千余里。国大都城周二十余里。土地膏腴，稼穑是务”。

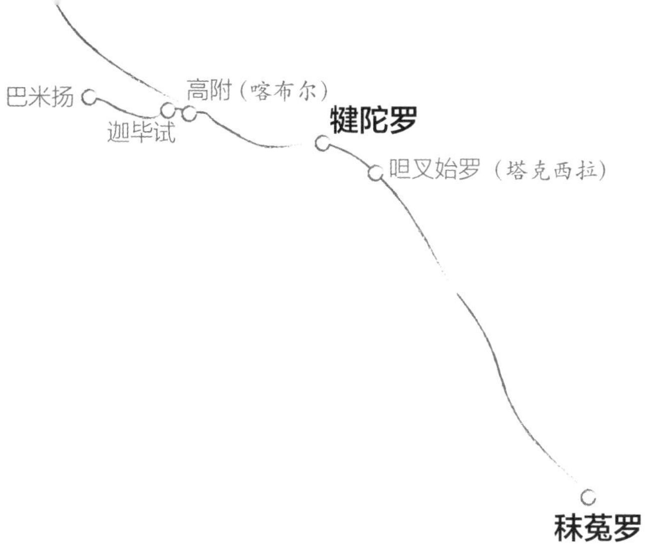

阎膏珍像　公元2世纪　马图拉博物馆
刘子璇拍摄

秣菟罗地区是在阎膏珍统治期间被纳入贵霜帝国版图，并成为贵霜帝国的东都。其后在迦腻色伽时代大力推行大乘佛教，佛陀造像开始出现于秣菟罗，自其诞生起，就显示出融入本土造像的风格。考古发现了有明确石刻铭文的贵霜王阎膏珍[①]和迦腻色伽的造像。这些都表明贵霜王统的造像时间要早于佛陀造像的年代。其风格已经显示出，外来造像特征与本土造像传统的融合。初期“卡帕盯”式发髻的佛陀像和号称菩萨形象的佛陀像也被发现，并被认定在公元50年左右，这可能是印度最早的佛陀造像模式。

① 《后汉书》里明确记载，继承丘就却王位的是其子阎膏珍。1993年发现的罗巴塔克碑铭，给出了清晰的早期贵霜王表——Kujula Kadphises（库就拉·卡德菲塞斯，汉文“丘就却”，约30—80年），Vima Takto（威玛·塔克图，汉文“阎膏珍”，约80—90年），Vima Kadphises（威玛·卡德菲塞斯，约90—127年），Kanishka（迦腻色伽，约127—150年）——也证明了这一记载。正是阎膏珍在位时期统一了印度北部，《后汉书·西域传》记载说：“阎膏珍代为王，复灭天竺，置将一人监领之。”《后汉书·西域传》“天竺”条又记载：“身毒有别城数百，城置长。别国数十，国置王……其时皆属月氏。月氏杀其王而置将，令统其人。”

佛陀头像 公元5世纪 萨尔纳特出土 新德里博物馆 宁孜勤拍摄

回到家乡，佛陀却又长了一张印度人的脸

秣菟罗可以说是佛陀真正的家乡，佛陀出生和涅槃等重大圣迹都发生于此区域。从贵霜王朝推动佛陀造像伊始，本地的艺术家们便迅速地把本土雕塑的特征引入其中，印度次大陆第一次赋予佛陀本土的容颜。家乡人心中的佛陀造像是按照本土审美标准塑造的。贵霜时期的圣王雕像和早期以菩萨像命名的佛陀像，从五官相貌的特征看已经充满了本土人种的特征，“卡帕町”式发髻，完全是本土人种的束发习惯，鼻翼宽且向上翻、下唇肥厚、眼裂宽大，这些正是典型的印度原住民达罗毗荼人的特征。

佛陀头像　秣菟罗　公元 2 世纪
马图拉博物馆
宁孜勤拍摄

菩萨头像　秣菟罗　公元 2 世纪
东京国立博物馆藏
张春佳拍摄

药叉女 公元前2—公元前1世纪 刘子璇拍摄

秣菟罗地区具有比犍陀罗更为深厚的本土造像传统

秣菟罗相传为古印度十六列国之一，公元前6世纪是苏罗娑国的都城。公元前4世纪，归入摩揭陀国难陀王朝的版图。之后，这里又成为独立国家。后经历印度孔雀王朝，巴克特里亚希腊人（Bactrian Greeks）和中亚的游牧民族塞族（Sakas，亦称Scythians，即塞西亚人，或译西徐亚人、斯基泰人、塞种人）征服后的犍陀罗国等时期的统治。

秣菟罗地区在佛教造像没有产生之前就有了本土的雕塑艺术形式，从《帕尔卡姆药叉》（公元前2—公元前1世纪，帕尔卡姆出土）等同时期作品看，其风格具有达罗毗荼人形象特征且遵循耆那教的本土风格；从阿育王时期的《萨尔纳特狮子柱头》（约公元前242—公元前232，萨尔纳特出土）等同时期的作品看，具有波斯文化影响的印度本土化艺术风格。即便到了贵霜王时期的圣王雕像和早期以菩萨像命名的佛陀像，仍然可以看到波斯风格的印记。

佛陀立像　秣菟罗　公元 2 世纪
马图拉博物馆　宁孜勤拍摄

正因为有丰富的造像传统，贵霜王朝时期的秣菟罗很快发展成为与犍陀罗齐名的佛像制作中心，并形成了自己的艺术特色。直至印度笈多王朝的再度统一，才又形成了完全印度本土化风格的佛陀造像。

说到本土化，印度南部还有一个区域叫阿玛拉瓦蒂

佛陀立像
阿玛拉瓦蒂风格　公元 2—3 世纪
引自《印度美术》（王镛著）

“印度雕刻的最娇艳最纤秀的花朵”，印度艺术史的开拓者库马拉斯瓦米如此评价阿玛拉瓦蒂（阿玛拉瓦提）。阿玛拉瓦蒂风格的造像，代表了南印度佛教造像的艺术风格。它是在与贵霜王朝同时期的南方安达罗王朝（约124—225）的统治下。阿玛拉瓦蒂造像保留了印度本土最强烈的风格特征，与犍陀罗风格差异明显，与秣菟罗风格有近似之处，尤其近似笈多时期的秣菟罗风格，头部的螺髻与东魏北齐的造像应该有某种渊源。

阿玛拉瓦蒂大塔的雕刻是后期艺术的典范。据考证，阿玛拉瓦蒂大塔始建于公元前2世纪，并在公元2世纪大规模扩建增修。桑奇大塔是北印度窣堵波形制的代表，阿玛拉瓦蒂大塔则是南印度窣堵波形制的代表。

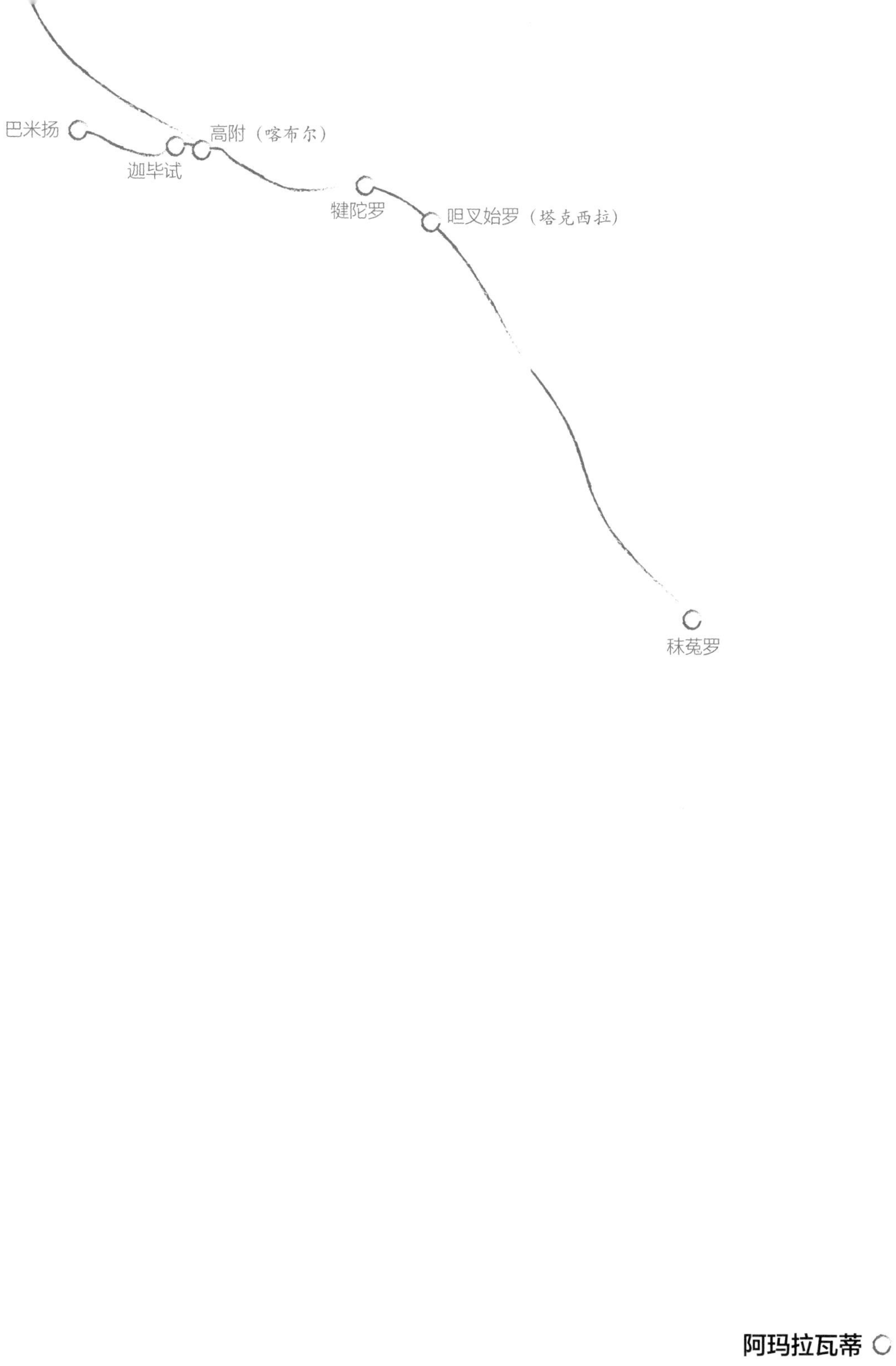
巴米扬
高附（喀布尔）
迦毕试
犍陀罗
呾叉始罗（塔克西拉）
秣菟罗
阿玛拉瓦蒂

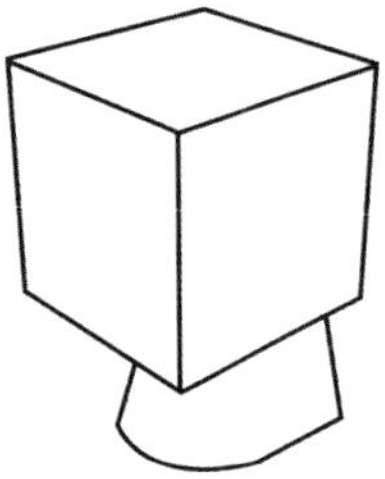

头部总体特征：正方形六面体

犍陀罗近人，秣菟罗类神

犍陀罗风格是贵霜人“拿来主义”的产物，其造像的创造者也是一批浸淫希腊风格造像多年的艺术家，他们认为“神就是最完美的人”，这就决定了其造像风格是以歌颂型开始的，将释迦作为伟大人物赞颂的成分较多。以浓郁的现实主义情感将佛陀作为人——现实生活中的伟大人物加以表现。

佛陀头像 阿罗摩婆提风格
公元 2—3 世纪 引自《佛像解说》

同样是“拿来主义”的秣菟罗风格，却是在原始印度神“因陀罗”以及最初的达罗毗荼人信仰的造像中找到了模型。秣菟罗佛陀造像产生初期，佛陀已被作为超越现实的人物加以表现，佛陀是大神（与众不同）、偶像（巍峨不动）、救世主（世界之主宰者），他高大（天赋异相）、雄健（威严相）、庄严（至尊相）。因此，秣菟罗的佛像艺术与犍陀罗的相比更显得是在“造神”而不是“再现真身”。

佛陀头像 萨尔纳特笈多时代
公元 5—6 世纪 引自《佛像解说》

佛陀头像　秣菟罗　公元４世纪　秣菟罗博物馆藏　宁孜勤拍摄

本土审美的模式化
——笈多时代的秣菟罗

犍陀罗风格：波发、头颅底宽、眼窝较深、鼻翼窄小、嘴唇较薄、下巴尖薄、耳垂至唇缝线一平、眼裂较小、眉弓弯曲、额头底宽、嘴角上翘

秣菟罗风格：螺发、头颅高窄、眼球体凸出、鼻翼宽阔、嘴唇较厚、下巴方正、耳垂低点至下巴一平线，眼裂较大、眉弓硬直、额头高窄、嘴角平直

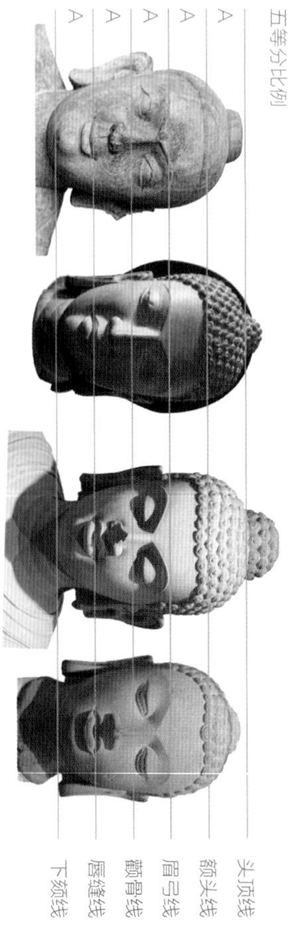

秣菟罗造像在笈多时代到达了它的高峰。它建立在印度人的审美趣味之上，而希腊化的影响也融于其中，丝毫不露生硬痕迹。佛像样式呈规范化，各部位的标准与佛经记载颇为吻合。

秣菟罗造像对历代佛教造像影响极大，不论是在汉传佛教还是藏传佛教中都能看到它的痕迹。它所建立的造像准则至今被有意无意地遵循着。属于秣菟罗造像系统的萨尔纳特造像样式也一直与秣菟罗样式并行不悖。

秣菟罗造像早期偏向本土化耆那教模式，晚期形成程式化的佛陀仪轨。脸型短而圆，眼眶在脸部所占比例较大，发型主要有三种：一种为螺状肉髻（螺髻），一种为螺发，另一种为无纹肉髻。无纹肉髻在犍陀罗系统中也有，而前两种则具有地域性。

记住这些特征，你也是专家

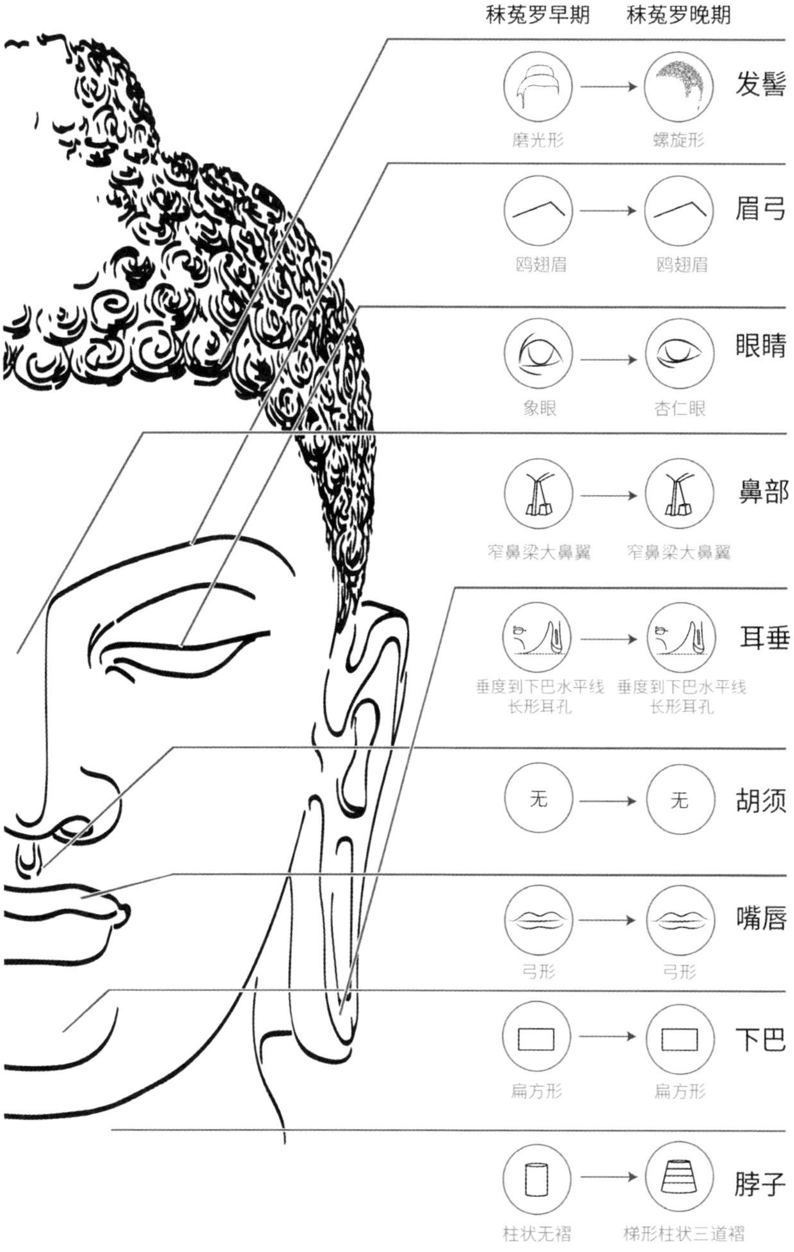

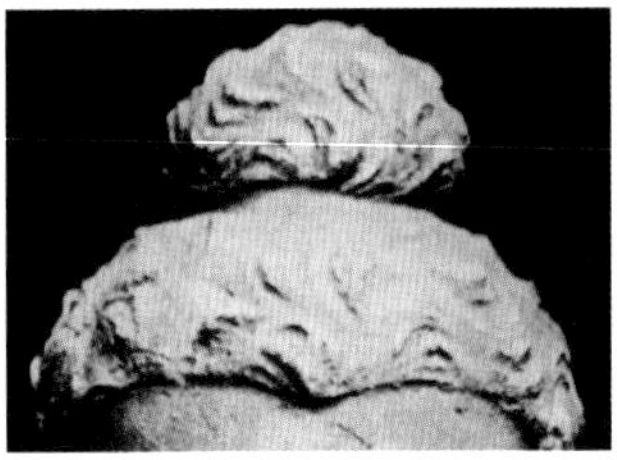

犍陀罗——波状髻

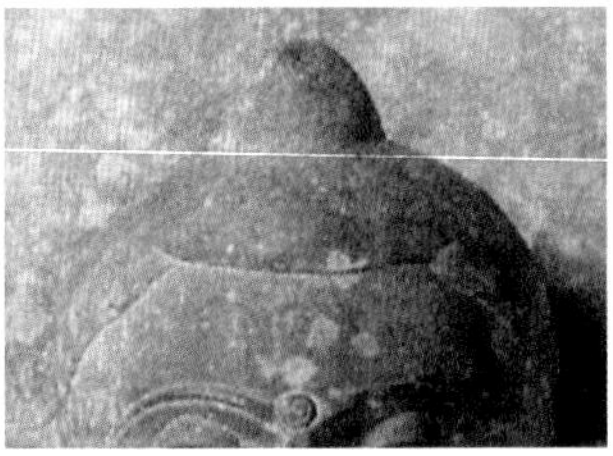

秣菟罗——“卡帕町”式发髻

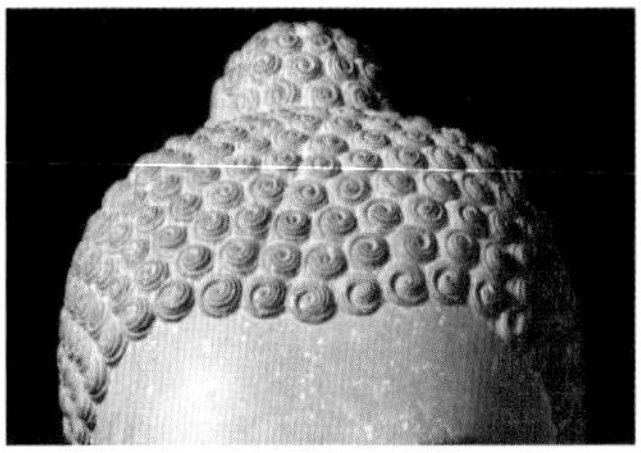

秣菟罗——螺髻

肉髻的密码

肉髻也叫顶髻相，象征佛陀智慧。从人的生理结构上讲，可以说是佛陀的天生异相或是禅定修行而获得的头部顶骨凸起。而其梵语的意思为“头戴敷巾冠饰”，是帝王佩戴的一种王者标志，佛陀也就是佛国之王，因此说佛陀的造像本身就是圣者和王者的统一体。肉髻之前只是印度王者或贵族男子的发型模式，因为释迦牟尼王子的身份，在成佛之后被逐渐演化成三十二相中的一相了。

犍陀罗早期风格的佛陀造像的肉髻只能说是波浪形发髻的扎束，是表

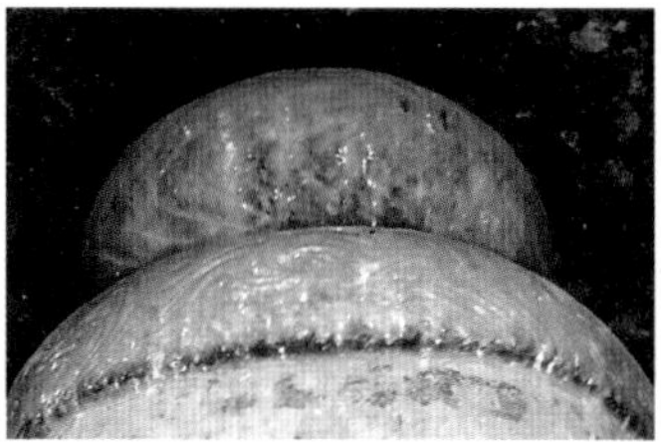

北魏——阳刻螺旋纹肉髻

北魏——螺旋纹肉髻

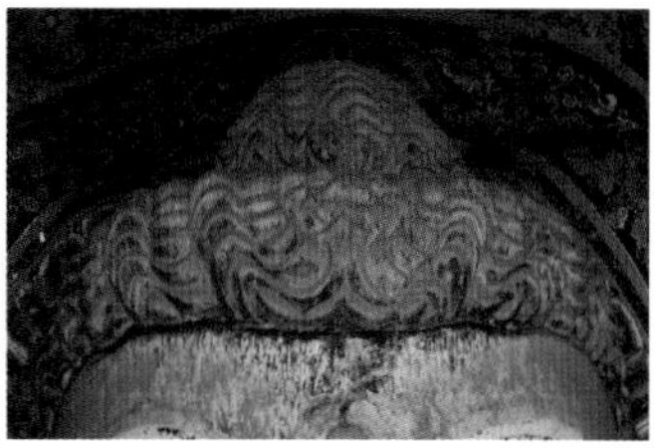

盛唐——螺旋波浪纹肉髻

现佛陀作为真实生活中王子身份的标记，一般较高大；秣菟罗风格的肉髻先是卷贝形发髻，后以螺发和秃发形态显现，一般较矮小，表现佛陀获得正觉之后脱离世俗的神像。

在贵霜后期，螺髻样式基本固定，笈多时期则以螺髻为主要样式，光髻也时有出现。随着造像的东传，在新疆地区这两种样式并存发展，直到隋朝。唐以后，以螺髻为主要模式，偶尔有螺旋波浪纹出现。不同时期的螺髻也略有不同，且各时期的特征相对统一。

第二章

中国新疆

丝路远播

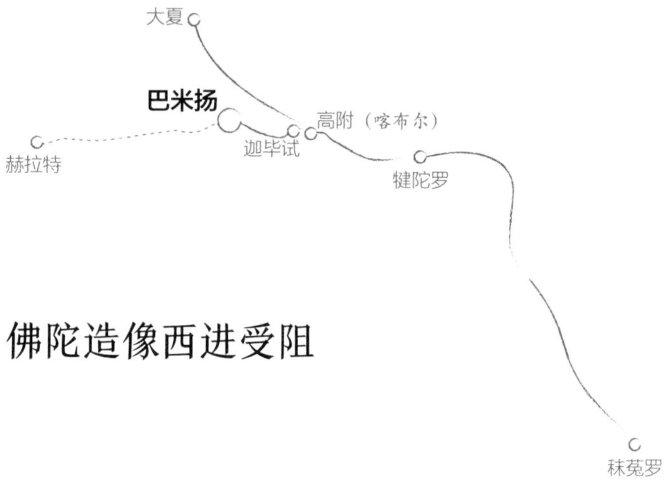

佛陀造像西进受阻

历史遗迹显示，佛教的西传到巴米扬地区戛然而止。巴米扬石窟应该是目前唯一所看到的犍陀罗最西端的佛教造像遗迹。再向西行就是以拜火教（袄教）信仰为核心的波斯帝国的边界。信仰的不可调和也致使外来宗教文化不可能逾越这片土地。巴米扬佛教文化曾在公元3—9世纪绵延，在公元6—7世纪达到鼎盛，在公元8世纪末，当地被伊斯兰教教化之后，佛教信仰逐渐消失。目前佛教造像荡然无存，仅残存大量空洞和零星壁画残迹。

佛教造像自贵霜王朝创造出世，便开始了向世界的传播。贵霜王朝两大造像中心从不同路径向东、西、南、北传递。阿育王时代佛教兴盛，完成了第三次的佛典集结，并且派遣传教使节向斯里兰卡、缅甸以及西亚、北非、东南欧诸国传播佛教，这大约是公元前3世纪的事情。中国境内最早的佛教典籍应该也是在这一时期由贵霜东传到新疆地区的。

东进第一站：中国新疆

佛陀造像翻越葱岭便进入了我国境内的新疆地区。佛陀造像诞生之际，也是汉张骞①“凿空”西域打通丝路之时。佛陀造像的传播正是沿着丝绸之路的各条线路陆续东进。虽然很多线路到目前还没有发现明确的可证材料，但是文化传递与交流的记载仍有遗存。东传之路的第一站就是新疆，确切的传入时间已无从考证。但在塔克拉玛干沙漠的南北两线上，也就是在昆仑山山脉以北、天山山脉以南的两条丝路古道上发现的大量存有佛教造像、壁画的寺庙与洞窟遗址，足以印证这一传播过程。

贵霜王朝控制的广大疆域地处丝路贸易商路的狭长连接带，正是汉朝与大秦、安息进行大量贸易往来的必经之路，这一时期也是丝绸之路发展史上最繁华、最通畅的一段时期。西汉、东汉时期，新疆地区接壤贵霜王朝。双方曾因争夺对新疆地区的控制权而时有征战。和平时期，贵霜仍是大汉的臣属之国，商旅贸易的繁荣伴随着僧侣、工匠接踵而至，促进了文化交流的

① 张骞（公元前164—公元前114），字子文，汉中郡城固（今陕西省汉中市城固县）人，中国汉代杰出的外交家、旅行家、探险家，丝绸之路的开拓者。建元二年（公元前139），奉汉武帝之命，率领一百多人出使西域，打通了汉朝通往西域的南北道路，即赫赫有名的“丝绸之路”，汉武帝以军功封其为博望侯。史学家司马迁称赞张骞出使西域为“凿空”，意思是“开通大道”。借助丝绸之路，中原文明传播至西域，西域诸国的汗血马、葡萄、苜蓿、石榴、胡麻等物种引入中原，促进了东西方文明的交流。汉武帝元鼎三年（公元前114），张骞病逝于大汉帝都长安，归葬汉中故里。

丰富与深入。在这文化交往的洪流之上，佛陀造像乘势流散，一路向东。

公元5—6世纪之后，为白匈奴（嚈哒人）所灭的贵霜人又一批批地沿丝路进入新疆境内，直至中国腹地最深处的楼兰地区。白匈奴打击佛教，致使大量僧侣也随贵霜人的迁徙进入中国境内，新疆境内的佛教寺庙和石窟寺的开凿恐怕都和这些入境者有关。

张骞出使西域
敦煌莫高窟 323 窟　唐初壁画
作者拍摄

丝绸之路的南线和北线，也正是佛像传播的南线和北线

丝绸之路无疑是文化交流与传播的最好途径，佛陀造像的传播可以说是沿着丝绸之路的各条线路而进行的。虽然很多线路还没有发现明确连贯的可证材料，可是文化传递与交流的记载仍有遗存。

丝绸之路分为陆路和水路两大系统，陆路又分南线、北线。从大的地理位置的南北来分：南线指由滇缅之路进入四川经长江流域广为流传的路线；北线指的就是经新疆、河西走廊传入中原的路线。

而丝路北线又分为三条道路，最北边的一条道路也就是大月氏西退、出祁连山进入中亚建立贵霜王朝的路线，也是佛陀造像传播的必经之路。虽然自巴米扬向北再向东的这条路没有发现更多造像遗迹，但是从些许的痕迹中也能看到与新疆地区造像的渊源。

丝路北线的中道和南道却可以领略较为连贯的佛陀造像的遗迹，两条路基本勾勒出了塔克拉玛干沙漠的南北边缘，在昆仑山山脉以北，天山山脉以南，两条丝路古道都发现了大量存有佛教造像、壁画的寺庙与洞窟遗址。

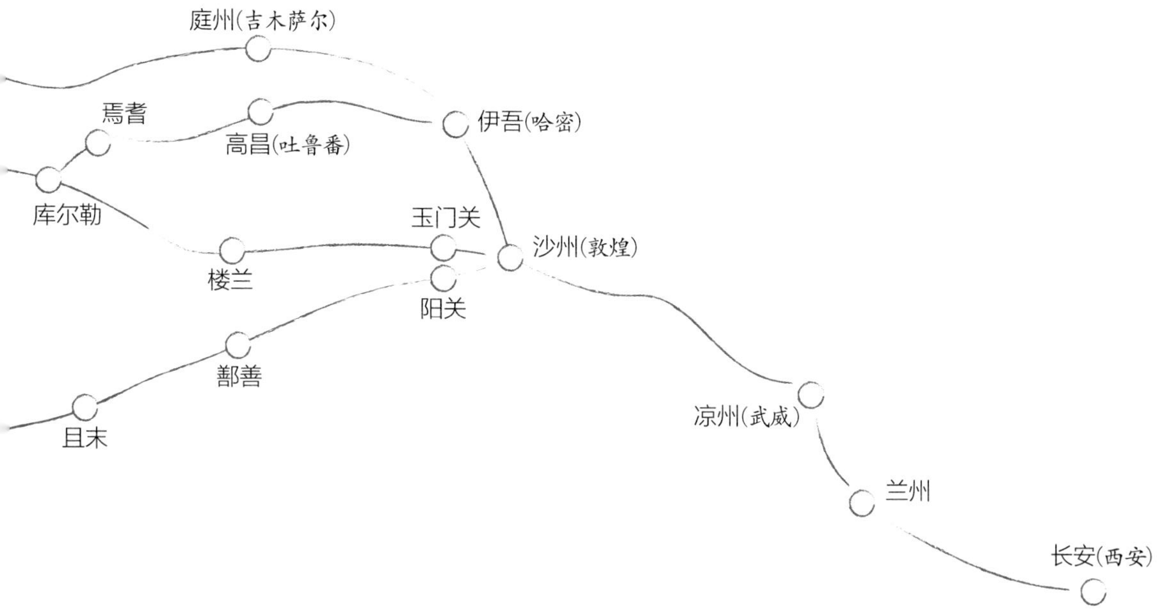

丝绸之路陆路北线（示意图），分南、中、北三条路线，其中以南道、中道为主：

南道：葱岭（帕米尔高原）经疏勒—莎车—于阗—且末—鄯善—阳关—沙州

中道：葱岭经疏勒—姑墨—龟兹—焉耆—高昌—伊吾—沙州

北道：碎叶经弓月城—庭州—伊吾—沙州

北窟南寺的格局，以塔克拉玛干沙漠为界

新疆的佛陀造像遗迹，以塔克拉玛干沙漠为界，呈现北窟南寺的格局：南侧疏勒（喀什）、于阗（和田）、鄯善以泥佛寺为主；北侧龟兹（库车）、焉耆、高昌（吐鲁番）以石窟寺为主。但无论南北，造像都以泥塑、木雕为主，目前还没发现有石刻造像。为什么会是这样的格局呢？

因为北部地区靠近天山南麓，石窟都开凿在河谷绿洲的两侧山体上。山体多为砂砾岩，其石质粗糙不能细腻地表现人物，作为泥土造像的胎体更为合适，且河谷中并不缺少精细河泥。加之该地区干旱少雨，因此泥质材料能够保存两千年还基本完好。

南部有佛教造像遗存的区域几乎都是沙漠边缘的绿洲，气候更为干旱，人居多为夯土或是生土建筑（人工凿穴）。塑像更多地吸收了犍陀罗风格的灰泥和红陶塑像形式，采用模型压坯技术批量生产，这也是泥土塑像的优势，因此木胎泥塑较多。

世界文化遗产——中国彩塑的前世今生

中国彩塑堪称世界一绝。佛教造像的传入，更将这一艺术形式推向兴盛。贵霜人，离乡西去，又东归故土，也带回了新的造像模式——泥塑。中国的艺术创作者对泥土的塑造方式并不陌生，在秦汉的陶俑中，便可窥见一斑。陶俑虽是烧制，塑形却是第一步。因此，本土的传统，吸收泥塑这一艺术形式，并化为己用，就再自然不过了。

菩萨头像　公元 7—8 世纪
库木吐拉石窟出土
现藏东京国立博物馆
张春佳拍摄

泥塑并非在犍陀罗发明，但在公元2世纪左右，能使泥塑作为独立艺术形式存在的，犍陀罗却是“第一个”。泥塑这种形式，原材料取用便利、可塑性强。对于石材稀少或石质不坚固的地区，泥塑成为造像的完美解决方案。可以说，佛教造像迅速兴起与广泛传播，泥塑功不可没。

中国原始时期也发现过泥猪、泥羊头等小型动物雕塑，在之后发现的雕塑形式中，与泥塑最接近的就是陶塑了。其工艺是高

佛头陶范　公元 5—6 世纪
1989 年新疆于田县　喀拉墩遗址出土
现藏和田地区博物馆
刘雷拍摄

温烧制成形，硬度虽然比泥土高，但不易做大塑像。秦兵马俑算是目前出土的最大型的陶塑了。而泥塑则可以规避这个问题，内部可以为木胎或者石胎，尺度可根据胎芯的扩展而放大。石材受石料尺度的限制，陶器受窑炉大小的限制，而泥塑却不受尺度限制。这也可以解释为什么古代的超级大像都是石胎泥塑。泥塑还有一个优势，就是可加减性，能让塑造者在塑造期间反复尝试，更为细腻地表现人物丰富的神态与表情。

在塔克西拉（呾叉始罗）现存的文物中，泥塑的出现比犍陀罗石雕造像要早。泥塑很可能是犍陀罗艺术的源点（塔克西拉附近没有大型采石场，犍陀罗风格石雕的原料也不是当地产的，石雕造像在这里并不发达）。塔克西拉寺庙遗址内出土量最大的是犍陀罗风格的泥塑造像。后期又中和了犍陀罗与秣菟罗风格，形成了新的风格，影响甚远。这在新疆的泥塑造像上也有体现，尤其是菩萨造像和供养人形象，与塔克西拉的造像更为接近。

佛头陶范　公元 6—7 世纪
1980 年新疆皮山县　杜瓦遗址出土　现藏和田地区博物馆
刘雷拍摄

“塑”：泥土呈现的佛陀

“塑”是加减法并用。泥土在未干时可加、可减的性能使造像细节可以反复推敲，直到满意为止。泥土柔软，可以适应各种骨架，表现丰富的塑造技法。因此有着比石雕、木雕更灵活、更自由的表现空间。

内陆干旱地区的泥土资源丰富。地表土层厚，经河水冲刷沉淀、水涨水落的反复晾晒与浸泡，使得泥土精细、黏稠、光亮，是泥塑最优质的材料。加之模具的使用，使得佛陀造像能够批量化塑造，随之兴建佛寺的速度加快，效果显著。泥塑这种土木结构的搭配，比石雕、木雕的方式更为有力地推进了佛教文化的传播速度。新疆与河西走廊的石窟、寺庙造像多数为石胎或木胎泥塑，形成了绵延万里的泥塑长廊。泥塑彩绘的模式，正是在这里发育成熟。

菩萨头像　白沙瓦　公元 2—3 世纪　白色膏泥
梵亚博物馆提供

佛陀头像　北印度　笈多王朝　公元 5—6 世纪　红陶
梵亚博物馆提供

佛陀头像　犍陀罗　公元 4—5 世纪　赤陶
梵亚博物馆提供

泥塑天人头像　新疆出土　俄罗斯艾尔米塔什美术馆藏
作者拍摄

“雕”：木石刻画的佛陀

木雕佛陀坐像　唐
现藏阿克苏地区博物馆
刘雷拍摄

雕与塑可谓两种不同的塑造方法。“塑”是加减法并用，“雕”只能用减法。石材、木材的原料特性使其只能削减不能复原，所以要求创作者的造型能力和雕刻技术更为精到。新疆地区目前并未看到石雕佛造像，只出现过青铜造像、泥塑造像，还有就是木制造像了。

硬质材料的限制锁定了石材和木材的艺术表现方式，却并未影响创造者们对细腻的形象刻画的追求。由于工具制约了对材料的加工，艺术家不得不考虑材料的特性而创造新的塑造手法。比如，衣纹和装饰物的浮雕化处理，不仅使造像的聚焦点集中于面部表情，也使硬质材料稳重、含蓄、内敛的质地特性恰好能表现出不同的艺术效果。甚至有些阶段，泥塑也在模仿石雕、木雕的表现形式。

新疆造像的“潮汐式影响”：层层浪，回头浪

新疆，地处河西走廊与疆外诸国交流的必经之路，是连接中亚与中原内地的桥梁。新疆地区的造像风格较为复杂，存世的造像年代普遍较晚，多在公元5—6世纪以后，且可以看到风格自东向西回传的痕迹。

佛陀造像从其创造伊始便开始向外传播，随着时间的推移，人类种群的流动，新样式、新风格的造像如海浪一般层层涌入新疆。而早期传入河西走廊以及中原地区的风格，又汇聚了本土的认识和理念，像回头浪一样“反扑”。层层浪，回头浪，几个世纪以来，新疆的造像就是这样在激荡中发展。后期随着疆外诸国的逐渐伊斯兰化，使自东向西的回头浪止步于新疆，新疆地区成为回传的终点。

民族融合与文化多样性

新疆自古就是多民族融合的地区，民族的融合带来文化的交融与发展。文化的多样性也使得佛教造像百花齐放，并未形成统一的风格。

在新疆考古发现中，佛陀造像的数量不多，由于受规制的限定，虽然特征不甚鲜明，但也可以清楚地看出异域特征。菩萨、天人等形象遗存较多，异域色彩浓重，完全是真实生活中人物原型的写照。新疆早期的佛教造像因其地理位置与中原相距甚远，而与外邦更为邻近，所受的异域文化影响根深蒂固，与中原审美意识差异较大，本地匠师也有很多本就是外域高手，其造像风格保留造像传入期的特征更多；而晚期的新疆佛教造像则更多的是接收从中原回传的风格，因而显现出唐风汉韵。

天人头像　阿富汗　公元5—6世纪　美国纽约大都会博物馆　宁孜勤拍摄

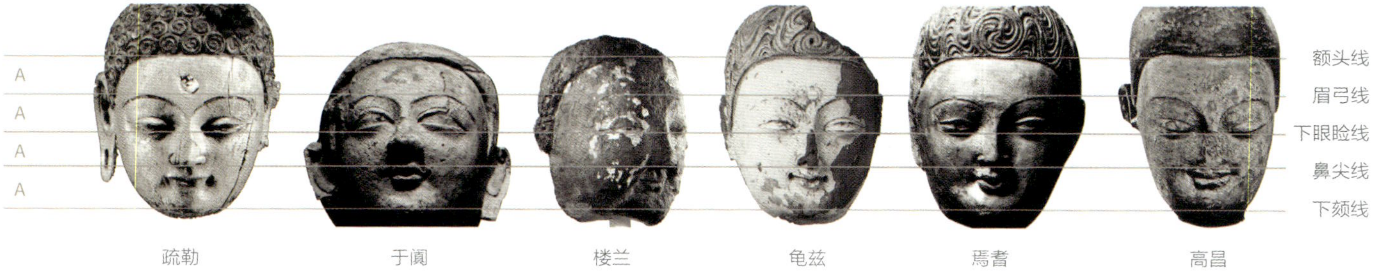

四等分与毛绳帽

新疆佛陀造像颜面部四等分的特征是其他地区都没有的。发髻更像毛绳帽，眼窝浅、眼皮儿薄、睁眼或微闭、柳叶眉。西域早期的造像没有出土文物的实证，出土的晚期造像已经有北凉回传的影响，但仍有早期特征存在。

记住这些特征，你也是专家

疏勒（喀什）：丝路南北线的总汇

① 喀什噶尔古称“疏勒”。古疏勒位居西域南、北两道的交会点，古来即为东西交通的主要进出口。公元2世纪末，疏勒已成为西域一城邦国。其国以喀什噶尔河中下游的疏勒城（今巴楚以西）为统治中心，同时领有叶尔羌河流域的莎车（今莎车）、斫句迦（代称西夜，今叶城北部）及竭盘陀（今塔什库尔干）三个附庸国。其疆域大致在今喀什地区和克孜勒苏柯尔柯孜自治州。

疏勒①为汉初西域三十六国之一，是汉朝西域都护府管辖最西端的属国。由于地处交通枢纽之地，是古丝绸之路北线南、中两道的交会点，亦是文化的交汇之处。波斯文化、印度文化、中原文化都借道这里融汇传扬。佛教由印度传入中土，疏勒亦是必经之路。从先秦到魏晋南北朝，疏勒地区经历了塞人、大月氏、乌孙人、突厥人的交替统治。在此地区的人以这几支族群的混血为主。

疏勒地区佛陀造像的遗存非常有限，有两件木雕造像暂且可以做些比对，从中也能探寻出一些蛛丝马迹。两件造像都应雕刻于公元6世纪左右，从造像的特征上能看出虽然内地的风格已经回传至此地，但其造像风格仍具有典型的外域造像特征。

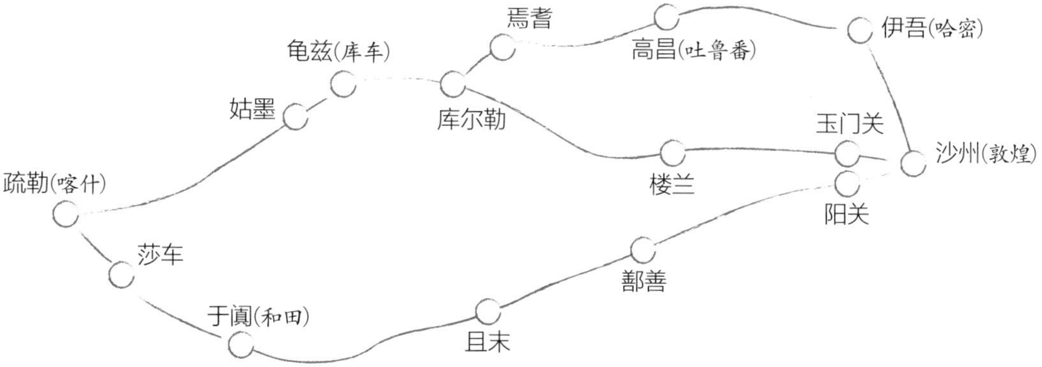
焉耆
高昌(吐鲁番)
伊吾(哈密)
龟兹(库车)
姑墨
库尔勒
玉门关
沙州(敦煌)
楼兰
疏勒(喀什)
阳关
莎车
鄯善
于阗(和田)
且末

木雕佛头　图木舒克东寺出土　约公元6世纪　高12.5厘米（法国探险队挖掘）引自《新疆佛教遗址》（新疆维吾尔自治区文物局编）

佛陀头像 公元6世纪 新疆巴楚县托库孜萨来遗址出土 喀什地区博物馆 刘雷拍摄

于阗（和田）：越岭第一站

于阗[①]可能是佛教东传中国最早的地方，在地理上也是有根据的。叶尔羌河上游的西边是昆仑山脉的起点，这里距离罽宾最近，从犍陀罗平原向东北延伸就是克什米尔，再往东，古代有山口可以翻越喀剌昆仑山脉。翻山之后，就是于阗（和田）。

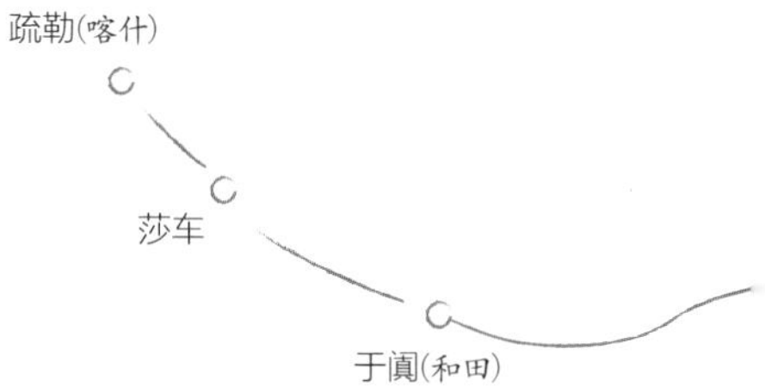

但这条路地势艰险，不易携带大量的装备行进，想来，佛陀造像传播的速度与数量都不会太快太大。今天的和田一带河流众多，土地肥沃。古代僧人以牛角山河畔的山丘作为隐修之地。和田地区现存佛教遗址26处，除了牛头山石室外，几乎都是佛寺和佛塔遗址。这些遗址有热瓦克佛寺遗址、尼雅遗址、老达玛沟遗址、乌宗塔提（帕系哈特伯克雅依伯克）遗址、托普鲁

① 有关于阗的记载，最早见于《史记·大宛传》，称其在西域之东。盛时领地包括今和田、皮山、墨玉、洛浦、策勒、于田、民丰等县市，都西城（今和田约特干遗址）。

贞观十四年（640）八月，唐灭高昌国，九月置安西都护府于西州交河城（今新疆吐鲁番西交河故城址），管理西域地区军政事务。二十年六月，西突厥乙毗射匮可汗请和亲，唐使其属下割龟兹、于阗、疏勒、朱俱婆、葱岭五国作为聘礼。二十二年，唐将安西都护府移至龟兹国都城（今新疆库车），同时在龟兹、焉耆（今新疆焉耆西南）、于阗（今新疆和田西南）、疏勒（今新疆喀什）四城修筑城堡，建置军镇，由安西都护兼统，故简称"安西四镇"。

金铜如来头部　高 17 厘米
东汉和田出土　现藏于东京国立博物馆
蓝震拍摄

克墩1号佛寺，以及丹丹乌里克遗址。从已发掘出的文物中，我们看到的佛陀造像并不多，但是这件被确定为东汉时期的铜佛头却是新疆地区发现的最早的佛陀造像，其面部形象与秦始皇陵的兵马俑无异，只在额头有梅花状标记，束发较高，有绳状束发带。

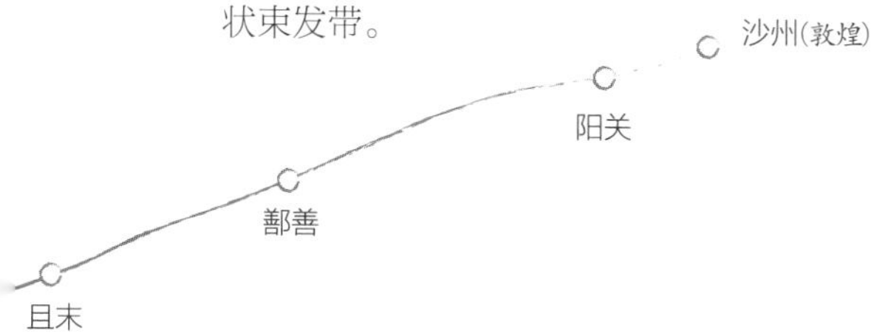

金铜如来头部　高 13 厘米
公元 3—5 世纪　和田出土
引自《佛像的谱系》[（日本）村田靖子著]

泥塑佛头　公元 5 世纪　新疆热瓦克遗址　刘雷拍摄

佛陀立像　公元5世纪　新疆出土　大英博物馆藏　《西域美术》3（日本讲谈社出版）

楼兰：神秘的罗布泊，神秘的面容

① 楼兰：楼兰为古国，后期它的延续为鄯善。汉昭帝因楼兰王对汉不睦，便派傅介子入楼兰杀其王，另立尉屠耆为王，变国名为鄯善。鄯善虽是楼兰的延续，又与其不同。楼兰统治中心在罗布泊北，“当（丝路）北道之冲”，而鄯善的王城则迁往罗布泊南岸的伊循城（今若羌县米兰），“当南道之冲”。

楼兰①，因其神秘地消失，而成为传奇。又随着“小河公主”的面世而重回公众视野。20世纪初的新疆考古，揭开了楼兰古国的神秘面纱。而随着楼兰古城遗址和诸多的佛教塔、寺的发掘，也印证了佛教造像沿着塔克拉玛干沙漠南缘传播，经楼兰进入敦煌，流向中原。

楼兰佛陀造像的容颜——像小河公主的身份一样神秘——与其他地区的造像有很大不同：眉弓高点连线到下颏之间的三等分点，刚好是下眼睑的最上沿和鼻尖点；加上额头上沿的发际线，整个脸庞为四等分；脸部轮廓几乎为正圆，而这种浑圆的特点，只在这一地区比较明显。

楼兰的佛教建筑遗存，主要包括楼兰古城周边的佛塔、且尔乞都克佛寺、营盘古城佛寺遗址等。其中，作为楼兰延续的鄯善时期的米兰佛寺，建筑保存较为完整，尤以佛塔居多。

接纳贵霜流亡者的楼兰

公元前后，汉朝在楼兰已取得了控制权，本土民族似乎只有语言而没有文字，在此地区出土的只有汉字文书和佉卢文[①]（吐火罗文，见下图）文书。楼兰本土文化落后，一方面大量汉人流入并对其政权进行掌控；另一方面公元4世纪之后，贵霜帝国受白匈奴的侵扰，大批难民东迁进入新疆诸地，楼兰这一亚洲腹地更是躲避战乱的最佳地点。贵霜人带来的文字、技术以及佛教文化，给本地政权带来诸多帮助，同时由于一批批的僧侣逐渐增多，他们适应世俗生活，融入其中，使佛教思想渐渐扎根于大众文化之中。

① 佉卢文，创制于公元前3世纪的印度。此后数百年间流行于犍陀罗地区，是贵霜王朝的官方文字之一，随着贵霜王朝的没落，佉卢文在印度消失，却随着贵霜移民，传播到中国新疆塔里木盆地周边的于阗、鄯善等地。

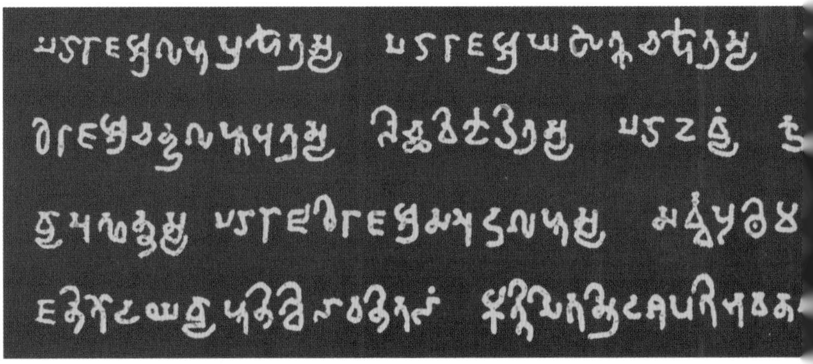

米兰佛寺M.Ⅱ出土佛头 现藏英国国家博物馆 引自《新疆佛教遗址》（新疆维吾尔自治区文物局编）

龟兹（库车）：文化流派的必争之地

位于丝路北道的龟兹①，北倚巍峨雄伟的天山山脉，南临荒渺空阔的塔克拉玛干沙漠，自古是兵家必争之地，也是文化周旋的重要历史现场。一直以来，龟兹总受到周边政权的拉拢、威逼、利用，甚至成为傀儡、附庸。在汉武帝时期（公元前140—公元前87），龟兹首次受到汉朝史家的关注。当时汉朝为抗击匈奴、控制北部商路和贸易，数次出兵西域。商业繁盛的龟兹正是高昌（吐鲁番）与疏勒（喀什）之间的咽喉要地。

龟兹国由白姓贵族统治，其世系可追溯至公元1世纪中叶。他们笃信佛教，王族更是倚重佛教为治国之本，不惜代价迎请高僧讲法并聘其为国师，诸多王子出家为僧并西行求法或东行传法。鸠摩罗什是其中最为著名的一位，其父亲来自印度河流域的一个小国，母亲是龟兹王的妹妹，他的传奇人生更是宗教交流史的重要注解。

① 古代龟兹的疆域即相当于今之新疆库车、阿克苏、拜城、新和、沙雅、轮台，以及库尔勒的部分地区。龟兹地处天山和塔克拉玛干沙漠北缘的走廊地带，是汉代丝绸之路西域北道的中端枢纽，是联结华夏文明和西方文明的交汇点。公元前2世纪进入历史舞台。其名始见于《汉书・西域传》，列为西域三十六国之一。

画外音：新疆出土的泥塑造像，面部很多是使用模具压坯出来，再衔接为一体。很多出土的陶范可以证实这一点。一些造像的鼻子和嘴角扭曲变形，似乎是因为脱模时拉伸所致。即便如此，笑容反倒更有感染力。

泥塑彩绘佛头　公元5世纪　克孜尔新一窟出土　龟兹研究院提供

以克孜尔石窟为代表的龟兹石窟群

木雕如来坐像　总高 18.3 厘米
公元 6—7 世纪　克孜尔孔雀洞发现
柏林国立美术馆藏　龟兹研究院提供

新疆石窟佛教造像遗存很少，宗教信仰的变化对壁画、造像损毁严重，再加上历经浩劫，完整的造像先后流失海外，我们也仅能从图片上进行分析和总结。

龟兹的遗存包括克孜尔和库木吐喇石窟，同样重要的还有克孜尔尕哈、森木塞姆、玛扎伯哈、托乎拉克艾肯、台台尔石窟，温巴什、苏巴什、夏哈吐尔、乌什吐尔宏伟的建筑遗存，以及散布在龟兹境内的窣堵波遗迹。

克孜尔石窟位于新疆拜城县克孜尔镇东南7公里的明屋塔格山上，南面是木札特河河谷，开凿于约公元3世纪，分4个窟区，编号窟有236个。窟内造像均已被毁，出土的木雕和彩塑大部分流失海外。

泥塑彩绘天人头像　克孜尔石窟 77 窟出土　德国柏林亚洲艺术博物馆藏　龟兹研究院提供

焉耆：月氏人的去路与归途

① 焉耆国，今在新疆维吾尔自治区焉耆回族自治县附近。《汉书·西域传》记载，“在车师南都员渠城，白山南七十里，汉时旧国也，去代一万二百里。其王姓龙，名鸠尸毕那，即前凉张轨所讨龙熙之胤。所都城方二里。……文字与婆罗门同。俗事天神，并崇信佛法。……东去高昌九百里；西去龟兹九百里，皆沙碛。东南去瓜州二千二百里”。

焉耆①是月氏人西去的必经之地。焉耆又叫焉支、乌耆、乌缠、阿耆尼。焉耆人是吐火罗人，也就是中国史书中的大夏，这个大夏和大月氏西进击败并统治的大夏是“亲戚”。继承大月氏人统治吐火罗地区和北印度的贵霜，就是一个“吐火罗—大月氏王国”，它的统治集团始终是由吐火罗人和大月氏人的上层构成的。其境内的“居民仍以土著化的吐火罗人为主”。

贵霜王朝创造出佛陀造像之后，又把这一成果沿着丝路向东传送，尤其是在贵霜灭亡之后，月氏人以及吐火罗人被迫向东迁徙。因为焉耆与贵霜有族群、语言、文化上的深厚渊源，文化融入自然顺畅，造像风格也迅速被接纳。

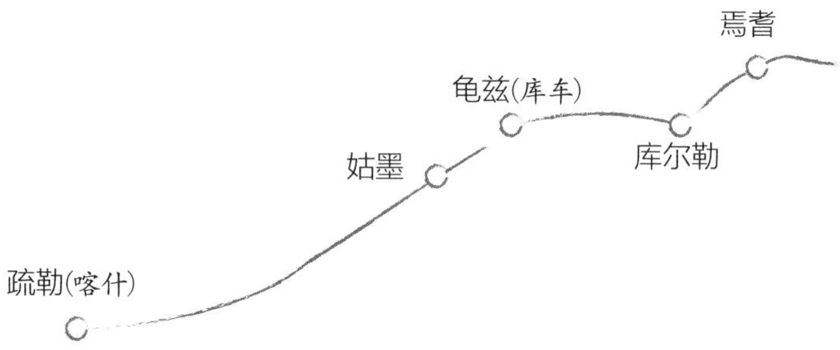

七个星佛教遗址群：石窟与寺相结合的形制

七个星佛教遗址群地处古丝绸之路北道，天山南麓。位于焉耆盆地西南部霍拉山及山前地带，是佛教文化东传的重要枢纽。遗址群由石窟与佛寺共同组成，距今已有1700多年的历史，是新疆仅有的佛塔、佛殿、讲经堂和僧房生活区并存的建筑群遗址，曾是晋唐时期焉耆国的佛教中心。整个遗址群占地面积逾4万平方米，寺院遗址分南、北两大部分，以遗址中部的泉沟为界，由地面寺院建筑和洞窟建筑两部分组成。地面寺院残存大小建筑93处，残存洞窟11个。寺院残存佛像基座，窟内有乐伎、朵云纹、飞天等壁画遗存，出土泥塑有佛、菩萨、天王、供养人等。

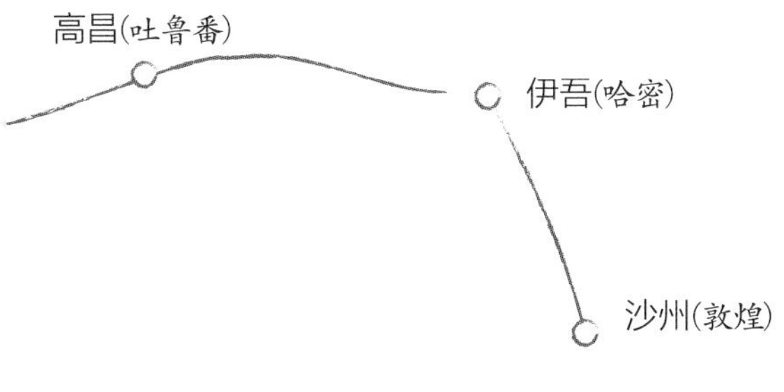

佛陀头像　焉耆七个星佛寺出土　俄罗斯艾尔米塔什博物馆藏　段一鸣拍摄

泥塑彩绘佛陀头像　七个星佛寺7窟出土　德国柏林亚洲艺术博物馆藏　引自《新疆佛教遗址》（新疆维吾尔自治区文物局编）

高昌：东来西去，风格的反复洗礼

① 高昌，位于今新疆吐鲁番东南之哈喇和卓（Karakhoja），包括今吐鲁番市、鄯善县和托克逊县，是古时西域交通枢纽。地处天山南麓的北道沿线，为东西交通往来——丝绸之路的要冲，亦为古代新疆政治、经济、文化的中心地之一。《新唐书·高昌传》有比较详细的记载。

高昌①的地理位置刚好处在西域与河西走廊的交会口，是连接汉地与西域的最前沿，更是丝绸之路东来西去的必经之路。东晋时期，鸠摩罗跋提被尊为车师前部国师，佛教已然成为其国教。后经历十六国时期和盛唐时期的不断回传，至高昌回鹘后期等三次兴盛，其造像风格也始终经历着反复的冲刷和洗礼，留下了伯孜克里克石窟、吐峪沟石窟等艺术瑰宝。

高昌历经阚氏高昌、张氏高昌、马氏高昌、麹氏高昌几个世系的政权交替，但始终置于汉人集团的统治之下，汉地文化在高昌也始终处于主导地位。从十六国到唐代，在许多名籍、户籍和其他出土的文书中，也记载有不少古代非汉人的姓氏，如车师的车氏、鄯善的鄯氏、焉耆的龙氏、龟兹的帛氏或白氏、匈奴的沮渠氏、氐族的强氏、鲜卑族的秃发氏等。可见古高昌地区各国僧人云集，诸经广布，多种语言并行，多人种、多民族交汇往来。

佛陀头像　公元8世纪　高昌故城　引自《新疆佛教遗址》（新疆维吾尔自治区文物局编）

伯孜克里克石窟、吐峪沟石窟

铜佛立像　高昌故城遗址出土
约公元5世纪（德国探险队挖掘）
引自《新疆佛教遗址》
（新疆维吾尔自治区文物局编）

伯孜克里克石窟群，位于吐鲁番市火焰山木头沟沟谷之中，始凿于麹氏高昌国时期（499—640），时名为“宁戎寺”。后为高昌回鹘时期的皇家寺院。现存洞窟83个，大型洞窟主要开凿于麹氏高昌和高昌回鹘时期。石窟内造像均已被毁，出土的彩塑和木雕也早已流失海外。由于高昌回鹘早期笃信摩尼教，所以吐鲁番地区的许多石窟初建时为摩尼教石窟，后因其国教改为佛教，才被改建为佛教窟。现很多洞窟内，由于表层壁画脱落而露出早期的摩尼教壁画，又为石窟增添了别样的魅力。

吐峪沟石窟，位于鄯善县西4公里的吐峪沟峡谷东西两侧的山崖上，距高昌故城13公里。开凿于公元4世纪，因北凉和麹氏高昌时期建寺开窟最为盛行，故成为皇家寺院所在地。现存洞窟94个，编号洞窟46个，呈东西两区分布。石窟内造像均已被毁，出土的少量彩塑、木雕和大量的精美壁画也早已流失海外。但从残存下来的壁画中，仍可一窥其繁盛时期的精美。

佛陀立像 公元6世纪 伯孜克里克出土 俄罗斯艾尔米塔什博物馆藏 作者拍摄

丝路北线最北端道路上的遗迹

从形象特征和雕塑手法上看，新疆地区的造像与乌兹别克斯坦、塔吉克斯坦、哈萨克斯坦沿线的佛陀造像以及塔克西拉造像的渊源清晰可见。

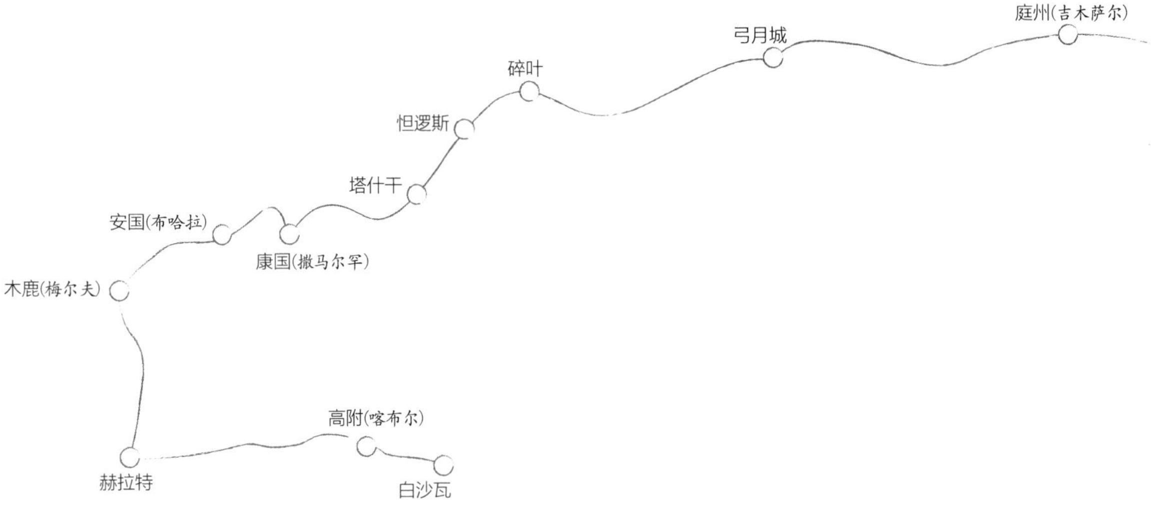

泥塑如来头部　高 23 厘米
公元 9—11 世纪　吐鲁番出土
俄罗斯艾尔米塔什博物馆藏　作者拍摄

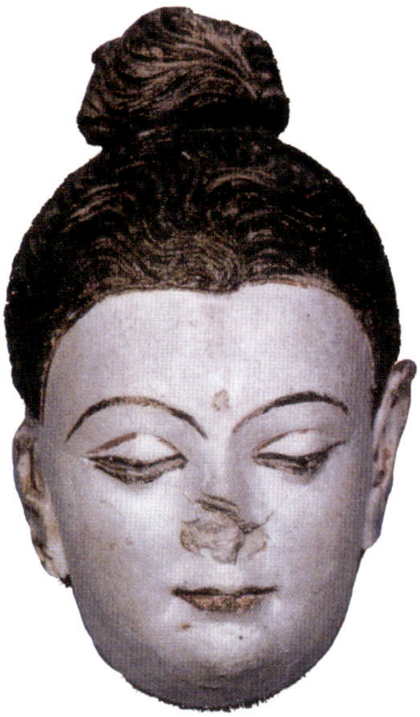

泥塑如来头部　高 28 厘米
公元 4 世纪　贵霜王国法雅兹·德贝都城遗址出土
引自《佛像的谱系》[（日本）村田靖子著]

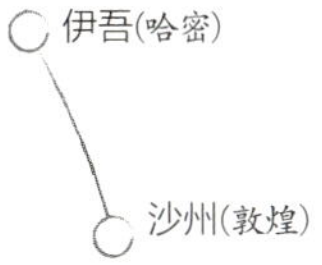

泥塑如来头部　高 39 厘米
公元 2—3 世纪　贵霜王国达尔维尔金·德贝都城遗址出土
引自《佛像的谱系》[（日本）村田靖子著]

泥塑如来头部　高 18 厘米
公元 7—8 世纪　托哈林斯坦阿吉那·德贝都城遗址出土
俄罗斯艾尔米塔什博物馆藏　作者拍摄

新疆石窟寺史迹图

和田 1.牛头山石室及其附近佛教遗址 2.热瓦克佛寺 3.达玛沟托普鲁克墩佛寺 4.杜瓦佛寺 5.尼雅佛寺遗址 6.丹丹乌里克佛寺遗址 若羌 1.米兰佛寺遗址 2.楼兰佛寺遗址 3.营盘佛寺遗址 叶城 1.棋盘石窟 巴楚 1.托库孜萨来佛教遗址 图木舒克 1.图木舒克佛寺 库车 1.克孜尔石窟 2.克孜尔尕哈石窟 3.库木吐喇石窟 4.森木塞姆石窟 5.台台尔石窟 6.阿艾石窟 7.温巴什石窟 8.苏巴什佛寺 焉耆 1.七个星佛寺遗址 2.千间房南佛教遗址 3.霍拉山佛寺 吐鲁番 1.高昌故城佛寺遗址 2.伯孜克里克石窟 3.吐峪沟石窟 4.北庭西大寺遗址 5.交河故城佛寺遗址 6.桃儿沟佛教遗址 哈密 1.白杨沟佛寺遗址 2.庙尔沟佛寺

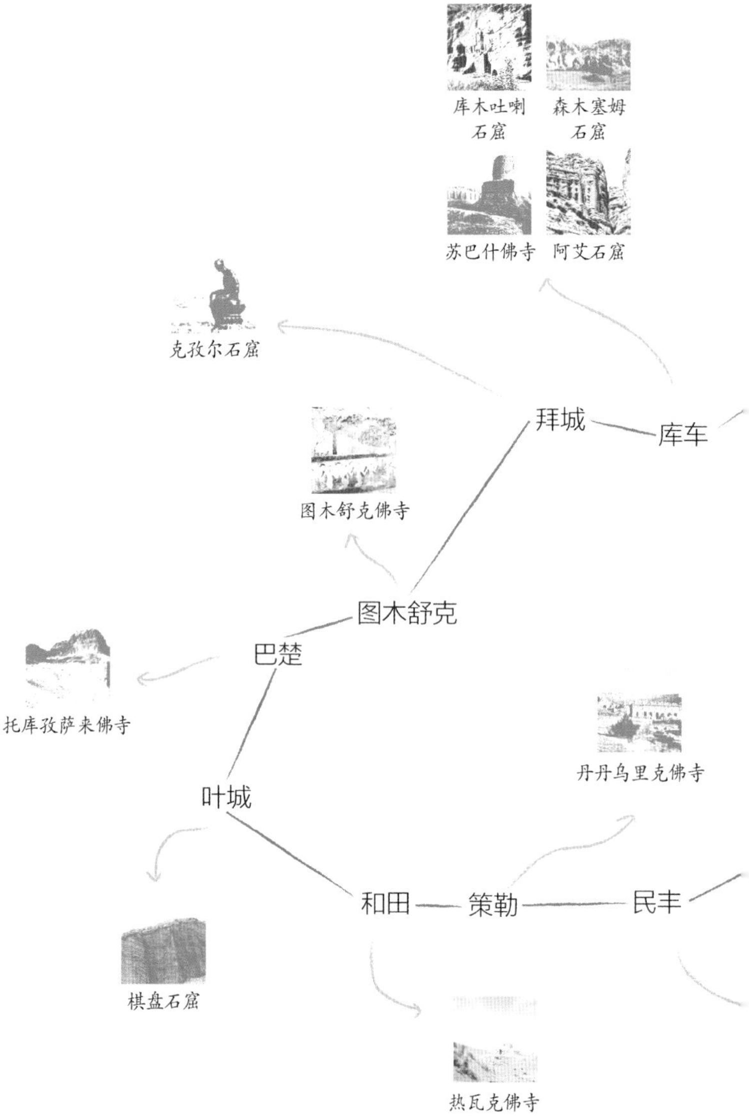

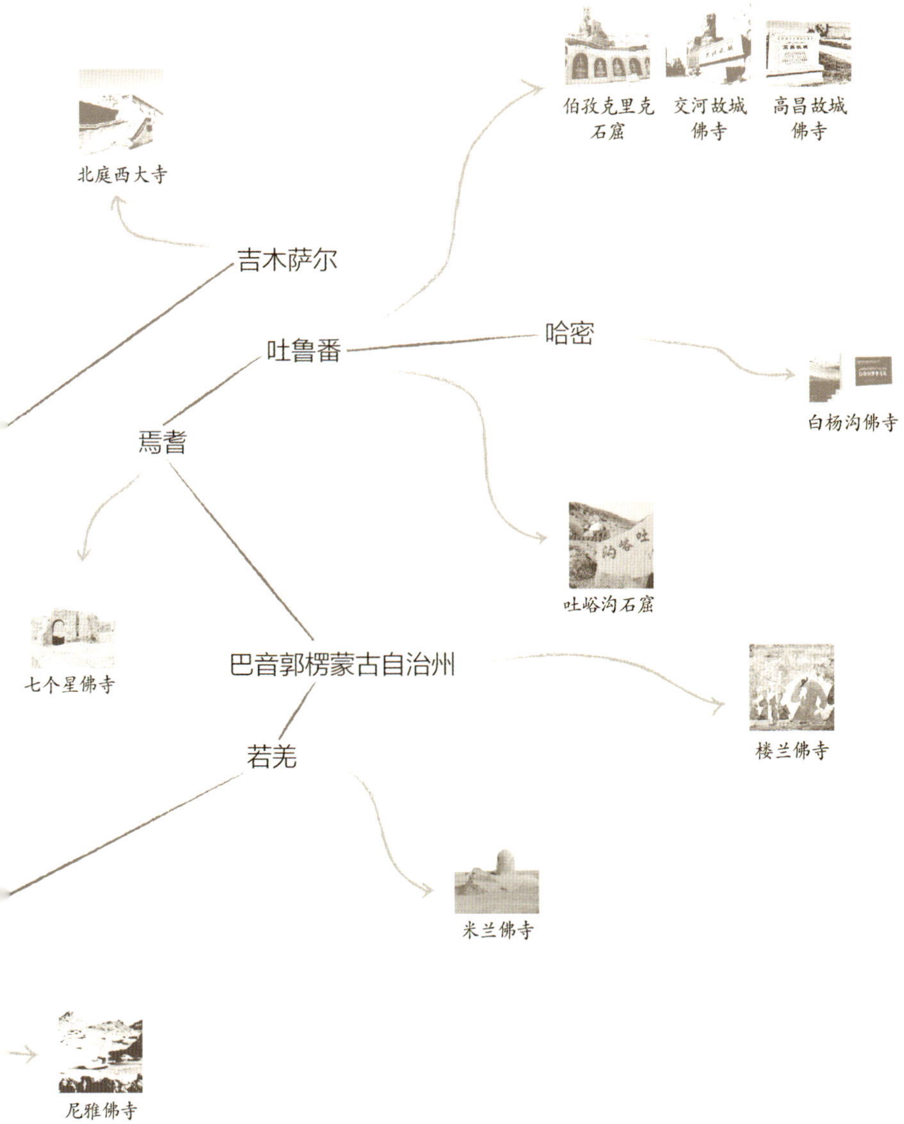
伯孜克里克石窟
交河故城佛寺
高昌故城佛寺
北庭西大寺
吉木萨尔
吐鲁番
哈密
白杨沟佛寺
焉耆
吐峪沟石窟
七个星佛寺
巴音郭楞蒙古自治州
楼兰佛寺
若羌
米兰佛寺
尼雅佛寺

第三章

河西走廊

化梵为胡的风格熔炉

河西走廊：化梵为胡的风格熔炉

河西走廊贯穿甘肃全境。几千年来，在河西走廊上，族群、宗教、文化、艺术，持续发生着反应，就像把东西倒入烧杯，混合、搅拌、加温、反应，做着化学实验。

如果说新疆地区的佛陀造像仍然保存有很明显的贵霜时期域外人种的特征，那么进入河西走廊，佛陀造像就开始了与东亚人种的对话。我国历史上十六国时期，匈奴、鲜卑、羯、氐、羌，看似都是少数民族，实际上其渊源都与中原有着密不可分的些许关联。人类的起源尚无定论，人类的迁徙又变幻莫测，体质人类学、考古学、历史学、地理学、天文学、气象学都无法从自身的研究中为种族融合找到满意的答案，通过综合分析尚可判断出些许征兆，进而判断出人种变迁的多种原因，同时也印证着族群演变过程中多人种、小群落的相互聚合。

人虽是复杂生物，但是人种变化有一定的区域范围，不会是一个人就可以成为一个民族。以头骨测量比例推算族群形态特征，是目前体质人类学中较为准确的判定方式之一。自古有言“胡汉一家”，整个亚洲的人种特征都在蒙古利亚人种的范畴里，可见其内在渊源。可以说，佛陀造像自新疆进入胡气氤氲的河西走廊，就已经迈出了融入华夏风范的第一步。

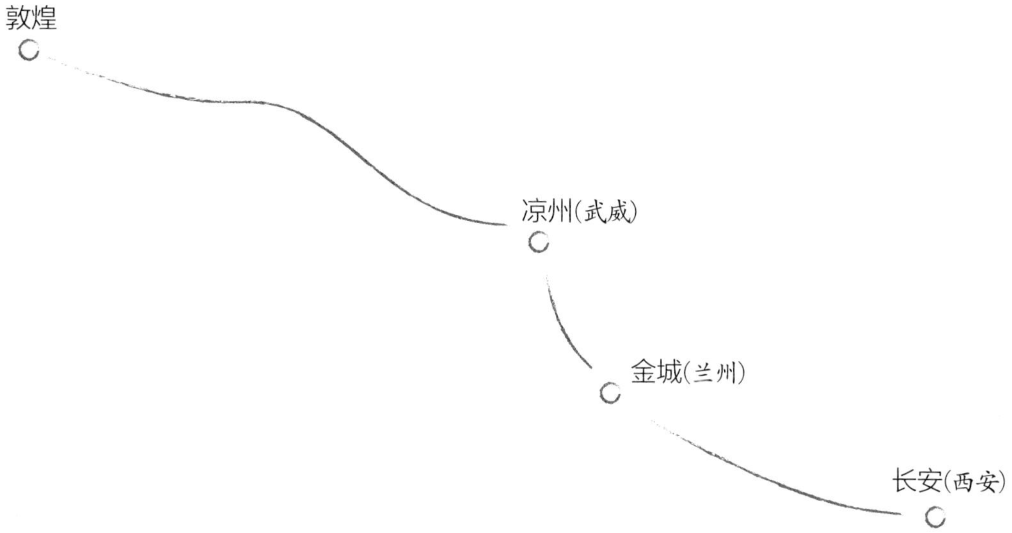

单独看脸，“凉州模式”未必很确切

单纯从面部造像特征界定，“凉州模式”①不能完全涵盖造型特征的分析。从造像的面部特征归类来观察，以北魏早期的造像模式——云冈模式往前推，应该是凉州模式的晚期。目前遗存的凉州模式的造像有金塔寺东西两窟，炳灵寺1窟、169窟，敦煌莫高窟275窟、276窟，麦积山77窟、78窟，云冈石窟北魏早期造像等。从造像的特征上看，云冈石窟的昙曜五窟、敦煌莫高窟275窟主尊、炳灵寺1窟的立佛在形象特征上更为接近，因此可以将它们定位为凉州模式晚期的作品。凸眼、方鼻、阔口、脸型狭长。而炳灵寺169窟和金塔寺东西两窟的佛陀造像更接近新疆地区的整体特征，应该可以定位为河西走廊早期的风格。我们可以把河西走廊造像的面部特征归纳为两种风格：早期，ABAB；晚期，AAAB 。这就是河西走廊造像的比例密码。北魏早期沿袭了河西走廊晚期的风格特征，而北魏中期开创了具有华夏风骨内在精神的独特风格。

① 提到河西走廊造像首先要说说宿白先生提出的“凉州模式”，宿先生根据洞窟形制、造像组合形式、窟壁壁画与装饰纹样、塑像的整体风格的不同，确定十六国时期以凉州（今武威）为中心的开窟造像的兴起与前后期的时间段划分，认为早期可参考天梯山石窟、酒泉等地出土的北凉石塔和炳灵寺第一期龛像，晚期可参考肃南金塔寺、酒泉文殊山前山千佛洞和炳灵寺第二期。

河西一带为中西交流的孔道。凉州节制西域由来已久，公元 4 世纪中期，龟兹和于阗都仍诣姑臧（今武威）朝贡。是时，龟兹和于阗俨然是两大佛教中心，这也标志着佛教及其造像中心呈现向东移动趋势的开始。这两个系统的佛教及其艺术，于新疆以东首先融会于凉州地区。这也是在此形成佛陀造像过渡模式的原因。

河西走廊造像的比例密码：ABAB 和 AAAB

熔铸：风格的大炖锅

河西走廊地理狭长，贯穿东西、通达南北，由西北传入的佛教造像艺术与中原、西南汇入的汉传艺术在此碰撞，熔铸出新的形式与风格。十六国时期是混合得最充分的阶段。

这个区域的风格特征体现的，是域外文化进入华夏的第二次形变。北凉、西秦的佛陀造像同时存在着两个特征类型。第一种类型，下眼睑的连线位于发际线至下颏之正中，下眼睑至鼻尖与鼻尖到下颏的位置等距，下眼睑到眉弓与眉弓到发际线的位置等距。改四等分为两两对等的面部比例特征，更显示出东方人种的颧骨较低、眉弓眼眶为圆形、颅型低矮宽、面部呈长方形的人种特征。第二种类型，下眼睑至鼻尖、下眼睑到眉弓、眉弓到发际线的位置等距，鼻尖到下颏的位置略长。脸型有开始向汉化中的胡人特征演变的趋势。汉人脸型略窄长，而少数民族脸型略短方。这两种类型在后面的朝代中一直都在微调，而时代之间的特征差异更为细微。

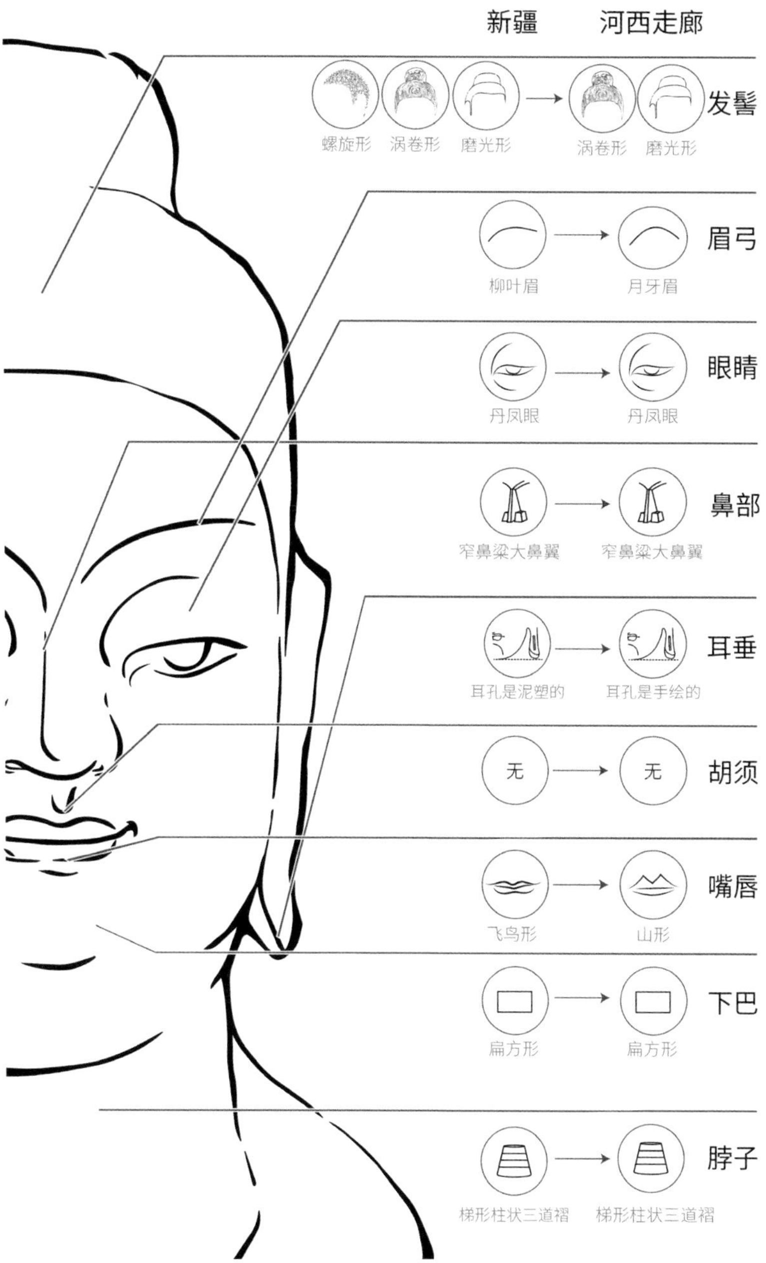
新疆
河西走廊
发髻
螺旋形
涡卷形
磨光形
涡卷形
磨光形
眉弓
柳叶眉
月牙眉
眼睛
丹凤眼
丹凤眼
鼻部
窄鼻梁大鼻翼
窄鼻梁大鼻翼
耳垂
耳孔是泥塑的
耳孔是手绘的
胡须
无
无
嘴唇
飞鸟形
山形
下巴
扁方形
扁方形
脖子
梯形柱状三道褶
梯形柱状三道褶

肇基敦煌：河西时代的莫高窟
（代表洞窟275窟、272窟、268窟）

敦煌既是地理的交叉口，也是时代的交接点。敦煌地处河西走廊最西端，党河和疏勒河下游最大的绿洲上，为丝绸之路西出玉门、阳关的必经之路。丝绸之路陆路北线的三条通道都汇聚于此，虽经战乱反复洗礼，却一直是中原与西域间文化交流的中转站。

春秋时，月氏、乌孙等游牧民族在此驻牧。西汉初为匈奴所占，汉武帝时设敦煌郡，为河西四郡之一。晋时为沙州州治。400—405年间，敦煌为西凉国（李皓所建）国都。北魏初，置敦煌镇，后置瓜州，均以敦煌为治所。北周改为鸣沙县。隋复置敦煌郡。唐武德初改为西沙州，贞观七年（633）改成瓜州，建中二年（781）陷于吐蕃。大中五年（851），敦煌人张议潮收复瓜、沙二州，自此，敦煌由归义军统治至宋仁宗年间（1023—1063）。宋至清雍正年间一直称沙州。

据记载，敦煌莫高窟是在前秦开窟，对于其最早的造像还有争议，275窟的造像可以说是凉州风格的一种。虽然没有更早期的造像遗存，但从莫高窟的开窟时间以及与新疆紧密连接的地理位置都可以推断出当时造像的盛况，并且奠定了敦煌后世辉煌的根基。其造像匈奴人的特征明显，眼球凸出、鼻梁高挺、阔口，弯眉，匈奴式束发，当为凉州晚期样式，此造像特征直接影响了北魏早期的佛陀造像。

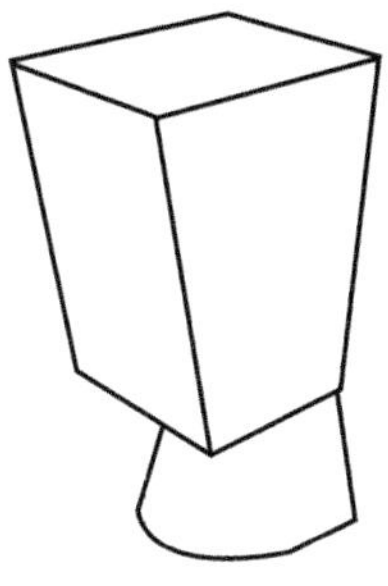

头部总体特征：
正面长方形、侧面倒梯形的六面体

弥勒菩萨　西凉—北凉　敦煌275窟正壁　李成拍摄

耳垂的密码

佛陀造像在贵霜时期是有耳孔出现的，同时耳孔下拉呈回形针状，明显是戴耳环下坠的特征，表现佛陀印度人的本土特征，也可能是对贵霜统治者的游牧民族特征的标记。犍陀罗造像的耳垂位置一般都与唇缝水平线齐平，而秣菟罗造像的耳垂则更低垂，是与下颏水平线齐平，就是所谓的双耳垂肩。新疆地区出土的佛陀造像的耳垂，两种特征都有出现，耳孔的特征也还保留着，而进入河西走廊后，就都统一为秣菟罗风格的耳垂位置了，并且耳孔已看不到雕刻出来的凹槽，只能看到用线画出的回形针状痕迹，到北魏中期，耳孔的形态彻底不见了。

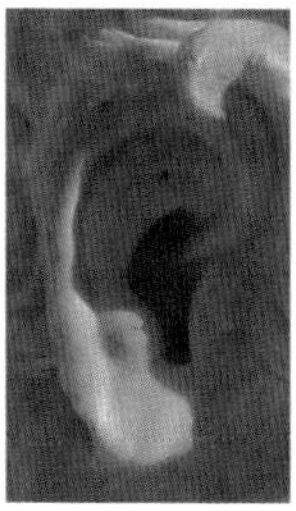

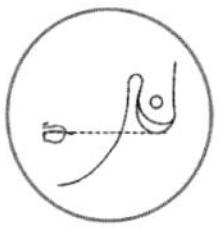

垂度到唇缝水平线
圆形耳孔

希腊　　犍陀罗

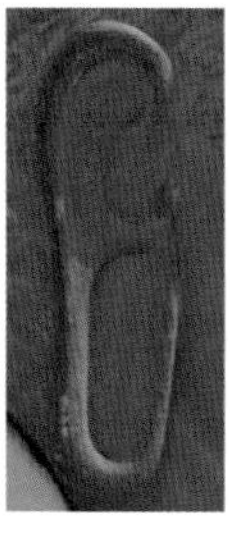

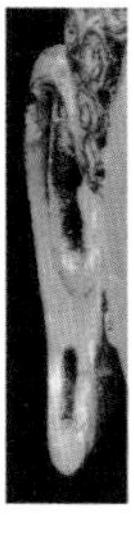

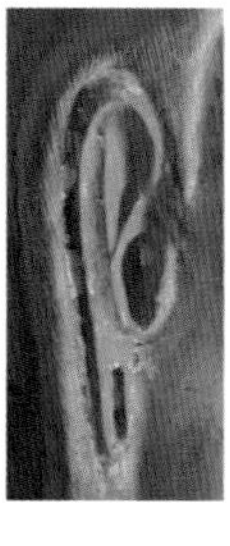

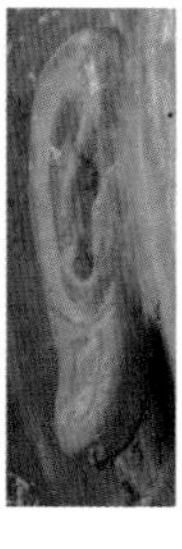

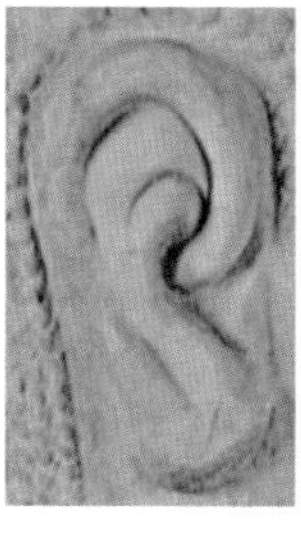

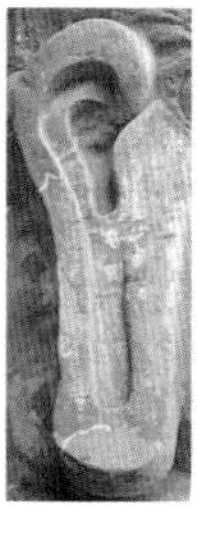

垂度到下巴水平线
长形耳孔

秣菟罗　　新疆　　北京　　西秦　　南朝　　唐

河西走廊早期代表：西秦时期炳灵寺（代表洞窟1窟、169窟）

在新疆地区，是印欧人种、西亚与中亚人种融合，而到了河西走廊则开始了中亚人种与胡、汉人种的融合。他们在河西走廊这个像烧杯一样的地理结构中，经过不断搅拌，去除杂质，混合成地区特有的面貌。

炳灵寺石窟位于甘肃省永靖县西南约52公里处的小积石山中，这里正位于河西走廊、青藏高原交界地带。自古以来，就是羌、氐、鲜卑、匈奴、吐谷浑、吐蕃、党项等多民族活动的历史大舞台。更是丝绸之路的必经之地。

目前有明确题记的石窟造像，炳灵寺石窟的169窟是最早的一个。它开凿于西秦①建弘元年（420），是河西走廊上早期佛陀造像的代表。它承继了新疆造像风格的整体特征，在人种特征上开始出现亚洲蒙古利亚人种颧骨较低、低颅型、圆形眼眶、眉骨隆起较高等特征。石窟外壁几乎全部是石雕佛像，窟内则

① 西秦，385年（晋太元十年）陇西鲜卑首领乞伏国仁自称大单于，筑勇士城（今甘肃榆中县东北）为都，史称西秦。西秦疆域狭小，虽置有十二郡，实际仅今甘肃兰州至陇西间地。430年（南北朝宋元嘉七年）西秦王乞伏暮末被北凉所逼，东迁投北魏，被夏兵阻于南安（今陇西县东南），故地全被吐谷浑占据。次年正月降于夏，西秦亡。

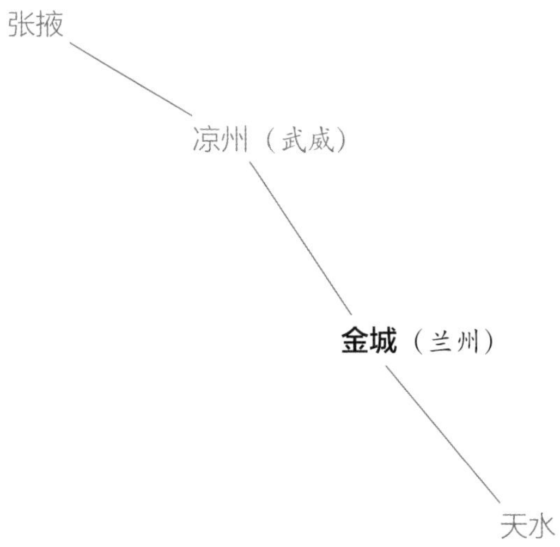

全部为泥塑彩绘，这一特征也是四大石窟所没有的。莫高窟和麦积山石窟都为石胎、木胎泥塑，有零星单体石碑或造像在洞窟里摆放，与石窟并不是一体雕凿而成的；而云冈石窟和龙门石窟又都是石雕佛像。

佛陀立像　北凉—西秦　炳灵寺一号窟　炳灵寺石窟研究所提供

佛陀立像　炳灵寺 169 窟　西秦　炳灵寺石窟研究所提供

佛陀坐像头像 北凉 金塔寺石窟 作者拍摄

胡气氤氲：金塔寺

金塔寺是河西走廊早期开凿的洞窟之一，应是北凉开国君主沮渠蒙逊早期开凿的佛窟之一。沮渠氏为匈奴人，属北亚蒙古人种，因此石窟造像虽与高昌风格相似，但面阔、唇厚、鼻平、目小，眼睑呈三角形，面目特征胡气氤氲。

唐道宣在《集神州三宝感通录》中记载："凉州石窟瑞像者，昔沮渠蒙逊以晋安帝隆安元年据有凉土二十余载……"类似的记载也见于《法苑珠林》《广弘明集》《释迦方志》等书。这些都表明凉州大规模雕造佛窟应起于北凉沮渠蒙逊。

张掖地区肃南县的金塔寺，虽为寺名，实为石窟，归马蹄寺石窟群，距马蹄寺约8公里。与文殊山石窟、敦煌莫高窟一线联通，是对早期河西石窟带的最好印证。

河西走廊的石窟鼻祖：天梯山石窟?

天梯山石窟，也称凉州石窟，别名凉州大佛窟，位于甘肃省武威市城南50公里处的中路乡灯山村，始建于东晋十六国时期的北凉[①]，距今约有1600年历史。凉州石窟是我国开凿最早的石窟之一，甚至有一种说法，称其为中原地区的“石窟鼻祖”。

天梯山石窟创建于412—439年，从年代上看并非最早。莫高窟始创于前秦建元二年，即前凉升平十年（366）。炳灵寺石窟169窟的题记是420年，与天梯山石窟年代基本相当。而且这两个石窟，尤其是莫高窟，都比天梯山的影响大。但是一个事实是：莫高窟虽为内地最早的石窟艺术开创地，但它正式开窟建寺的时间要从420年北凉灭西凉之时算起。历史上的开凿盛期是北魏孝明帝时期（516—528），随着洛阳的一批官宦、僧侣和工匠的进入，中原汉风在这里开始流行，而这已经是天梯山石窟开凿100年以后的事。也就是说，北魏时期的莫高窟并不有名，也没有对云冈、龙门石窟产生直接影响。反而是凉州僧

① 北凉，397年，河西卢水胡首领沮渠蒙逊起兵拥后秦建康（今甘肃高台县南）太守段业为建康公，史称北凉。401年，蒙逊杀段业，自称张掖公，建都张掖，据有河西走廊中部张掖一带。410年占有河西走廊东段，412年迁都。420年（南北朝宋永初元年）击败西凉。至此，疆域达到极盛，与后凉盛时相当。439年（南北朝宋元嘉十六年，北魏太延五年）灭于北魏，但北凉残余势力继续在酒泉抵抗，战败后又占有鄯善、高昌（今新疆吐鲁番市东部一带），直到460年（北魏和平元年）才被柔然吞并。

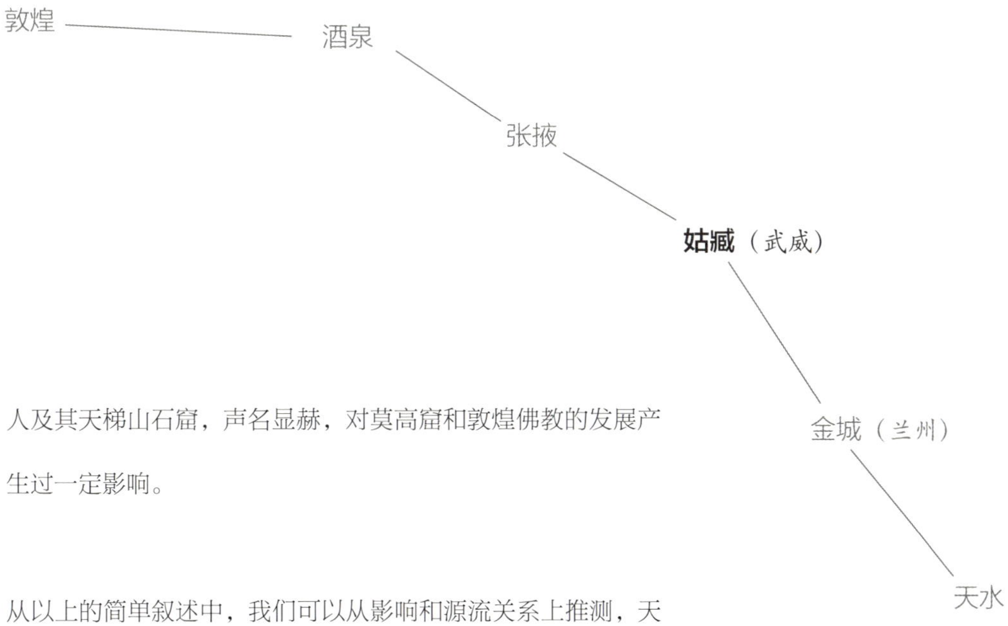

人及其天梯山石窟，声名显赫，对莫高窟和敦煌佛教的发展产生过一定影响。

从以上的简单叙述中，我们可以从影响和源流关系上推测，天梯山石窟与麦积山石窟、炳灵寺石窟、金塔寺、马蹄寺石窟群、敦煌莫高窟同为河西走廊上早期开凿的洞窟，但是其先后次序还有待进一步考证。

天梯山石窟大佛窟　唐　刘雷拍摄

云冈

佛陀坐像　北魏　云冈石窟 20 窟　于轶群拍摄

河西遗风：北魏早期的云冈石窟
（梵气胡化的典型代表）

云冈石窟并不在河西走廊，却受河西风格晚期的影响。云冈石窟的开凿，与北魏太武帝于太延五年（439）发兵讨伐北凉都城姑臧（今武威）统一北方有直接关系。太武帝将凉州居民三万人口“徙往平城”，还“打包”带走了河西走廊的高僧、典籍，还有开窟造像的工匠、绘师以及佛像、法器、珍宝等，使得平城的佛法勃然兴盛。今天，我们依然可以发现，河西风格对云冈的佛陀造像的影响。三角形眼睑、凸眼、方鼻、阔口式的匈奴和鲜卑人形象，是北魏中期造像的典型特征，也是梵气胡化的典型代表。

云冈石窟的造像，气势宏伟，内容丰富，堪称公元5世纪中国的石刻艺术之冠。最著名也是云冈最早的“昙曜五窟”，气势磅礴，洋溢着浑厚、纯朴的异域情调。后期石窟则以精雕细琢、装饰华丽著称于世，辐射出复杂多变、富丽堂皇的北魏艺术风格。

云冈石窟　于铁群拍摄

昙曜五窟反映了北魏早期特殊的佛教文化，五尊大佛在代表佛陀的同时，也分别象征具体的皇帝个人。大佛巨大的躯体确实相当撼人，但略带稚气的容貌又使人感到亲切。这矛盾的感觉，或许体现了北魏早期佛教造像的特殊性格，即“皇帝即当今如来”。昙曜五窟的大佛既代表宗教领袖，也代表人间统治者，不完全是神话里的人物，也是有肉身的人主，少了些神秘感，多了些人的味道。这便是由神性到人性的回归。

佛陀坐像 北魏 云冈石窟20窟 刘雷拍摄

佛陀坐像 北魏 云冈石窟 20 窟 于轶群拍摄

鸠摩罗什：沟通东西的虹桥巨子

在鸠摩罗什之前，几乎无人兼通梵汉双语，佛经翻译停留在一知半解的状态，即便汉地高僧，亦对佛教理解有偏差。鸠摩罗什是梵汉之间的第一位虹桥巨子，是早期联结西域和汉地的关键性人物。

鸠摩罗什是龟兹人。父亲鸠摩罗炎出身于古印度刹帝利阶层，母亲是龟兹王白纯的妹妹。他七岁时就被母亲送至小乘国师佛图舌弥处剃度受戒。九岁随母至罽宾，即佛教第四次结集圣地迦湿弥罗，师从当地名僧盘头达多。十二岁，鸠摩罗什随母返回龟兹，又师从佛陀耶舍，学习部派佛教经典。正课之余，博览印度《四吠陀》和五明诸论，乃至阴阳历算，扩大了他的学术眼界。一场疏勒之行，鸠摩罗什遇到了莎车王子须利耶苏摩，开始接触到《阿耨达经》等大乘新经，立场发生了根本改变，开始崇奉大乘般若学。鸠摩罗什的转变震动了龟兹佛教界，小乘者竭力反对。但国王显贵却大力支持他改宗大乘。鸠摩罗什的母亲深明大义，目光远大，鼓励他弘扬大乘。其母亲欲往天竺，临行前母亲说："大乘教义深邃，应在中原阐发，大乘传播中原，唯靠你的努力。但是这样对你自身无利，你该怎么办？"鸠摩罗什回答："有志之人，为了利益他人，可以忘记自己；为了让大乘的流传，能启蒙教化众生，即是当炉具在火上燃烧，也苦而无悔。"这正是鸠摩罗什为大乘而奋斗终生的誓言。

鸠摩罗什人生的后三十年都是在汉地度过。鸠摩罗什运用其过人的智慧和对华夏文明的感受力，凭借其深厚的梵文、西域各国的语言、知识修养，把握中文与梵文在"文制"与"体韵"方面的巨大差异，力求文字通俗又富优美的文学色彩的译文，为汉地佛教思想体系的完备做了深厚的理论准备，也为汉地的造像做了理论准备。

汇通南北，贯穿东西

东汉以前，河西走廊地广人稀，物产不丰。中原地区延绵不断的战争和动荡不安的政局引起频繁的民族迁徙和大量的人口流动。河西走廊因为相对安定，反而成为人们投奔的主要区域。这一现象也被统治者注意到了，开始开发河西走廊。曹操就曾任用皇甫隆为敦煌太守发展农业。西晋后期，张轨出任凉州刺史，他起用汉族士人，招纳中原流民，兴建学校，选拔贤才，并且大力发展农业、手工业与商业贸易。经过历代的经营，河西走廊地区形成了与河北地区发展程度大体相当的文明，并保存了秦汉以降的汉族文化。北魏太延五年（439），继承河西地区汉族文化传统的代表人物则是李冲、常景等士人。李冲后来适逢文明太后临朝听政，成为北魏太和改制中的核心人物。

从长安、洛阳流散到各地的传统文化，经过一番曲折的途径以后，又从河北、江南、河西等地汇合于北魏都城平城，激荡融汇。这实质上是中华版图内广泛参与的一次弘扬中华文化的运动。经过太和改制以后，中华文明虽然仍以汉族文化为主导，却已远非秦汉时代旧的汉族传统，而是吸纳了众多民族大量而复杂的营养，变得更加丰满瑰丽。

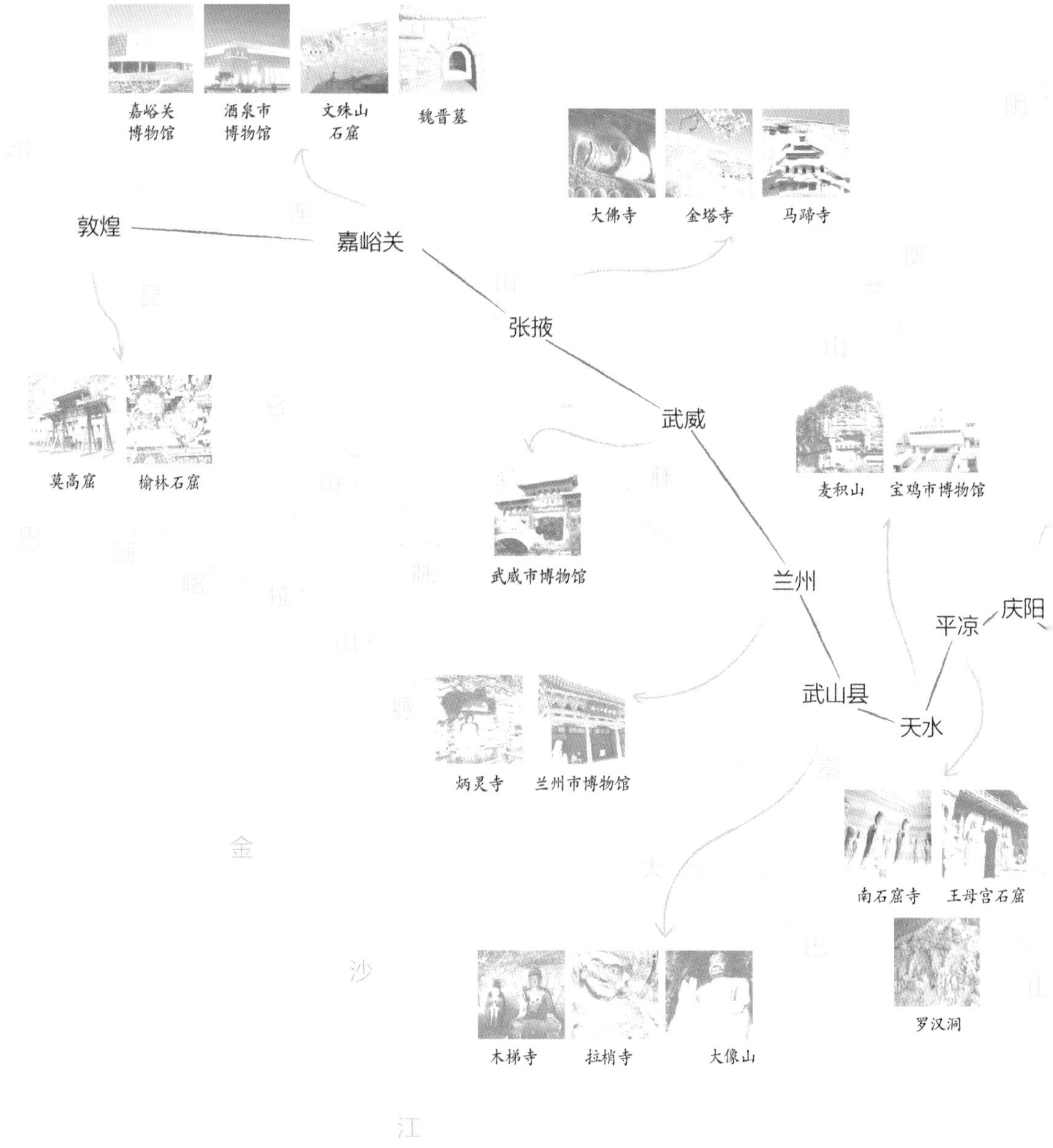

嘉峪关博物馆
酒泉市博物馆
文殊山石窟
魏晋墓
大佛寺
金塔寺
马蹄寺
敦煌
嘉峪关
张掖
武威
兰州
武山县
天水
平凉
庆阳
莫高窟
榆林石窟
武威市博物馆
麦积山
宝鸡市博物馆
炳灵寺
兰州市博物馆
南石窟寺
王母宫石窟
罗汉洞
木梯寺
拉梢寺
大像山
金
沙
江

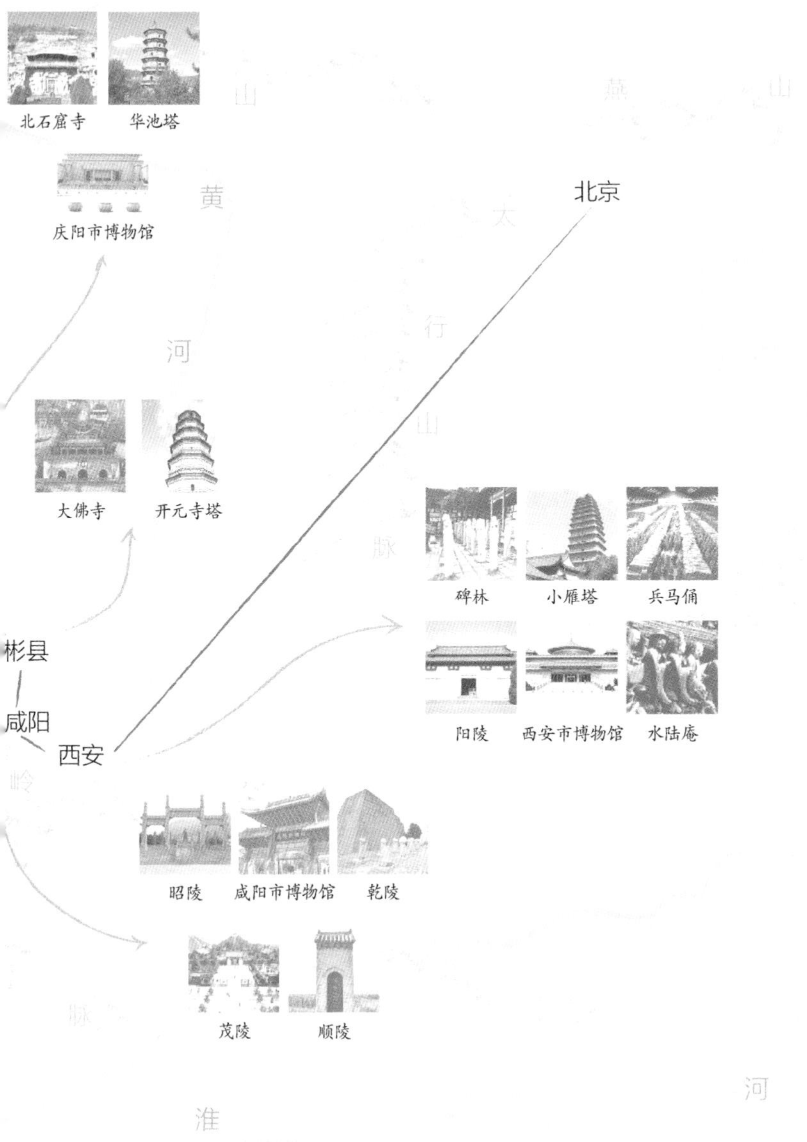
北石窟寺
华池塔
庆阳市博物馆
大佛寺
开元寺塔
彬县
咸阳
西安
北京
碑林
小雁塔
兵马俑
阳陵
西安市博物馆
水陆庵
昭陵
咸阳市博物馆
乾陵
茂陵
顺陵
燕
山
黄
河
太
行
山
脉
岭
淮
河

第四章

北朝

建构华夏风骨

北朝：由胡入汉，民族融合的大熔炉

虽然经过政权更迭，但北朝风格延续性较强。所以，这里不以政权来分期，而以北朝的大时代分初、中、晚三期：初期风格——以河西走廊晚期、北魏的早期为限——河西风格的延续；中期风格——北魏中期风格——汉风的特立独行；而晚期则是北魏晚期、东魏、西魏、北周、北齐的交替演变，不出汉胡其右。

北朝自北魏中期伊始，便进入由胡入汉的前奏。建立政权之前，北魏皇族就受汉地文化的熏染，认识到汉人的典章制度在管理国家机器上的作用，汉化走势已然定型。政权初定，逐渐平定西北至新疆地区，使其民族融合之势更胜。前期这些地区已经吸收和演变的造像风格再次汇入中原汉地的文化熔炉之中。同时，南朝业已兴盛的华夏文明血统对外来文化的接纳融合也已做出了前期的实验，在绘画和造像风格上都有新的突破，进而北上，也加入了在北朝新一轮的大熔炼。

如来三尊立像　北魏时代　公元6世纪　东京国立博物馆　张春佳拍摄

北魏：建构华夏风骨

① 北魏为拓跋部鲜卑贵族拓跋珪所建。初都平城（今山西大同），后迁都洛阳（今属河南）。鼎盛时疆域约为今河北、山东、山西、宁夏、甘肃等省区，河南、陕西、内蒙古的大部，辽宁、安徽、江苏、青海、新疆各一部分以及蒙古国南端一部分。

北魏[①]中期开创了深蕴华夏风骨的艺术风格——“秀骨清像”。秀骨清像的雕塑风格，是指面相瘦而略长，削肩，体态修长，形象清俊，风度潇洒飘逸，是门阀士族审美观与美学思想在艺术品上的综合体现，也与自曹丕建立九品中正制以后，魏晋重视人物形貌、精神的品评有关。

“秀骨清像”原是唐张怀瓘《画断》对陆探微（约生于晋末宋初，卒于齐永明三年）绘画的评语，是当时人物画风格的典型。因为中国古代历来是画塑结合，画风与雕塑风格紧密联系，故秀骨清像也表现在佛像塑造的风格上。

自北魏孝文帝迁都洛阳至六镇之乱可谓北魏中期，也就是北朝造像风格的发展中期，在这一阶段，佛陀造像艺术“脱胎换骨”。这与北魏政治、经济的强盛有关，也得益于迁都洛阳后孝文帝锐意推行的汉化改革。佛教造像艺术开始全面、深入地

结跏趺坐佛像　北魏　云冈石窟 19 窟　于铁群拍摄

佛陀坐像头部　北魏　麦积山石窟 147 窟　侧面　宁孜勤拍摄

受到汉文化影响，呈现出新时代的艺术风貌。此时，南朝的相对稳定也恰好促进了相互间的交流。引进的南方造像模式，以及魏晋开创的绘画风格、审美情趣，深深地吸引着心胸豁达的北朝权贵。魏晋以来的风骨之论，逐渐成为最具华夏精神的汉风塑骨。

佛陀坐像头部　北魏
麦积山石窟 147 窟　正面
宁孜勤拍摄

佛陀坐像头部　北魏
炳灵寺石窟 125 窟
刘雷拍摄

泥塑佛面像　北魏　永宁寺出土　洛阳博物馆　姜维　于轶群　拍摄

万方辐辏的审美定力

经历了十六国短暂的风格嬗替，经历了几代人的族群融合，经历了自身早期的风格演变，北魏中期的艺术创作者，对于前人的创作理念和技术手段也已经烂熟于心，在文化认同和审美意识上都更加拥戴华夏。于是，建立在自信基础之上的兼容并蓄使他们的创作呈现出万方辐辏的审美定力。

华夏风骨的形成，正是依靠这种审美定力来实现的。它以南朝汉传文化理念为贯穿之气，以绘画人物的气韵为精髓，追求神似而非真实，强调相生像外、相由心生。创作者关注块状的形体衔接和简练的形体转折，使精细与概括在行云流水的大节奏中交错互衬。雨歇云收，定睛观瞧，佛陀造像的五官，已完全是南朝士子的形象。

佛陀立像头部　北魏　山西出土　现藏美国纽约大都会博物馆　宁孜勤拍摄

记住这些特征，你也是专家

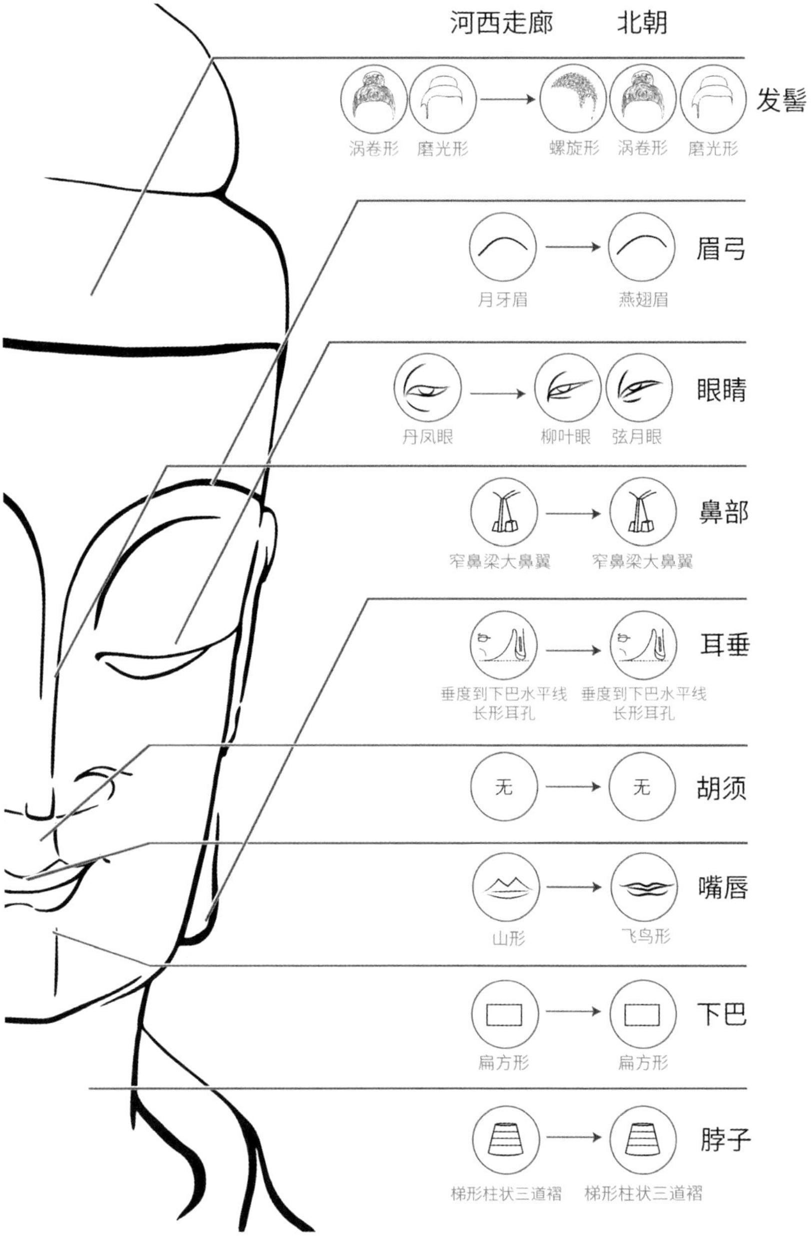

风骨的奠定：北朝晚期的汉风定型

北朝晚期的风格就是北魏晚期风格的延续，北魏晚期的风格奠基了华夏风骨未来的演变。虽经历东魏、西魏的分崩离析，但已充分融汇了草原文化和中原文化的优势。那个时代是开放的、交融的，南北也不是封闭的。北朝有南逃的，南朝有北上入仕的，征战掠走的宗族、吏民、工匠也担当了艺术交流的主力，加速了创作理念与技术的互融。

双佛坐像　北魏　炳灵寺石窟 125 窟
刘雷拍摄

北魏王族拓跋鲜卑，兴起于东北大兴安岭，一路西进南迁，是融汇了通古斯血统、蒙古血统的族群，并且强力汉化。可以说，北魏是塑造中国风格最关键的王朝。没有北魏就没有盛唐，开放的心胸在北魏已经打开，中国风骨在北魏已经定下了基调。随后，隋唐开始打磨这种风骨，在此基础之上风雷激荡，生成了宏阔的大唐风范，华夏风范从此走向成熟。

佛陀坐像头部　西魏　麦积山石窟135窟
宁孜勤拍摄

佛陀头像侧面　西魏
麦积山石窟 44 窟
作者拍摄

西魏：东方微笑的妩媚

麦积山石窟44窟的佛像，据说是西魏[①]皇后乙弗氏的造像。乙弗氏，河南洛阳人，本籍凉州姑臧，西魏文帝的皇后。文帝为使柔然不侵犯西魏边境，采取和亲政策，迎娶柔然头兵可汗之女郁久闾氏，并立其为皇后，废黜乙弗氏。后来又迫于柔然的压力，将乙弗氏赐死，时年三十一岁。她人生的悲剧，令造像的微笑更加震撼人心。

那个被称为“东方的微笑”的小沙弥（见第149页）是西魏时期的代表；而西魏的微笑是北魏遗风的延续，那笑容不仅仅浮现在嘴上，也体现在眼睛上。北魏、东魏、西魏的佛陀造像，眼睛都有一种笑意，眼形呈现上弦月形，可称笑眼，也叫桃花眼，更显妩媚之态。

① 北魏末期权臣高欢欲“挟天子以令诸侯”，宇文氏则割据关陇另立新君，史称西魏。丞相宇文泰是西魏真正的“掌门人”，他出身武川军团，保持鲜卑旧日的氏族关系。同时以儒家学说为思想武器，去除落后习俗，摒弃空谈玄理、崇佛论道的风习。在纷繁复杂的历史条件下，观时而变，顺乎历史潮流，终于转弱为强，奠定了北周王朝的基础。他在位时所颁行的兵制、选官之法等更是隋唐政治制度之渊源。

佛陀坐像头部　西魏　麦积山石窟44窟　宁孜勤拍摄

“麦积山”三字为郭沫若手书　麦积山石窟　刘雷拍摄

“东方雕塑博物馆”——麦积山石窟

敦煌石窟以壁画保存丰富为特点，云冈石窟以北魏风格的石刻为特点，龙门石窟以唐代石刻造像为代表。而目前石窟造像保存时期最完整的是麦积山石窟。麦积山石窟至今存有北魏到明清各时期的泥塑造像，且整体水平高，保存完整度高，不同时期造像特征明确，历史时间线路清晰，堪称“东方雕塑博物馆”。

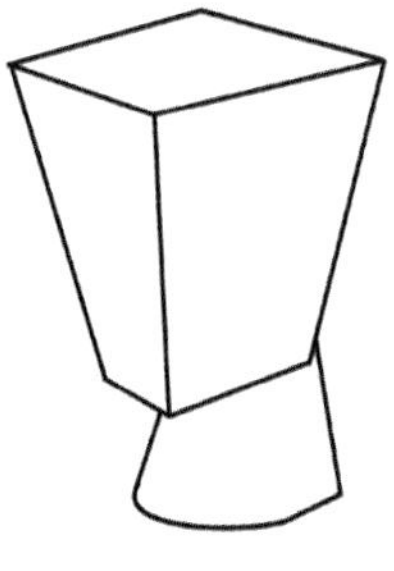

北魏，西魏，北周
头型总体特征：倒梯形六面体

麦积山地处河西走廊入口，历史上是兵家必争之地，文化交汇之所，也是佛陀造像经由河西走廊的融汇再向东迈进中原的关键一步。而河西走廊向东迈进的另一步，步幅更大，是北魏灭北凉后，由姑臧（今武威）直接迁宗族吏民、僧侣到平城（今山西大同），为北魏平城时代云冈石窟的开凿奠定了根基。从石窟造像的特征来看，个人认为此两路东进中原的线路应该是同时开始的，而不像有些专家认为的云冈—龙门—麦积山的传播路线，麦积山石窟78窟的造像（见第103页）特征足以作为实证。

小沙弥头部　西魏　麦积山石窟 133 窟　宁孜勤拍摄

北周：国土南扩，南风北上

① 北周是南北朝的北朝政权之一。西魏恭帝三年（556），实际掌握西魏政权的宇文泰死后，第三子宇文觉继任大冢宰，自称周公。次年初（557）他废西魏恭帝自立，国号周，建都于长安。577 年，北周灭北齐，统一北方。581 年，杨坚受禅代周称帝，改国号为隋，北周亡。

北周[1]时期其疆域已经扩展至云贵川一带，随着其征战胜利，加剧了南北方人口的迁徙，南朝汉人的艺术风格再次征服了以鲜卑人为主体的北周政权，在西魏回归胡气的基调中，又充分混合了南朝造像的审美特征。

北周造像的面部呈方圆特征，宽、长之比约为1∶1。北周时期，造像由“秀骨清像”逐渐变为面相丰满圆润，鼻翼丰厚，厚唇方颐。这种变化有文化交流所带来的影响，但更重要的是现实生活与人民的欣赏趣味给予艺术家创作的灵感。

佛陀坐像头部　北周
现藏麦积山石窟艺术研究所
刘雷拍摄

佛陀站像头部 北周 麦积山石窟22窟 宁孜勤拍摄

佛陀坐像 北周 甘肃武山拉梢寺 作者拍摄

拉梢寺摩崖造像与水帘洞石窟造像

拉梢寺摩崖造像为北周佛教摩崖浮雕造像。拉梢寺又称大佛崖，位于甘肃省天水市武山县城东25公里的钟楼山峡谷内。崖面险陡，高60余米。巨大的“一佛二菩萨一铺”石胎泥塑，以浮雕的形式雕凿其上。佛陀造像以42.3米的高度成为亚洲第一。造像为结跏趺坐，肉髻低平，面相浑圆，眉宽眼大，鼻阔唇厚，颈短肩方。

水帘洞石窟
北周 甘肃武山拉梢寺
作者拍摄

水帘洞石窟与拉梢寺同处一地，南北呼应。其北周造像呈现出更多炳灵寺石窟169窟河西早期风格的特征，尤其是身体的造型和衣纹的处理。面部造型却是比较明显的北周样式。

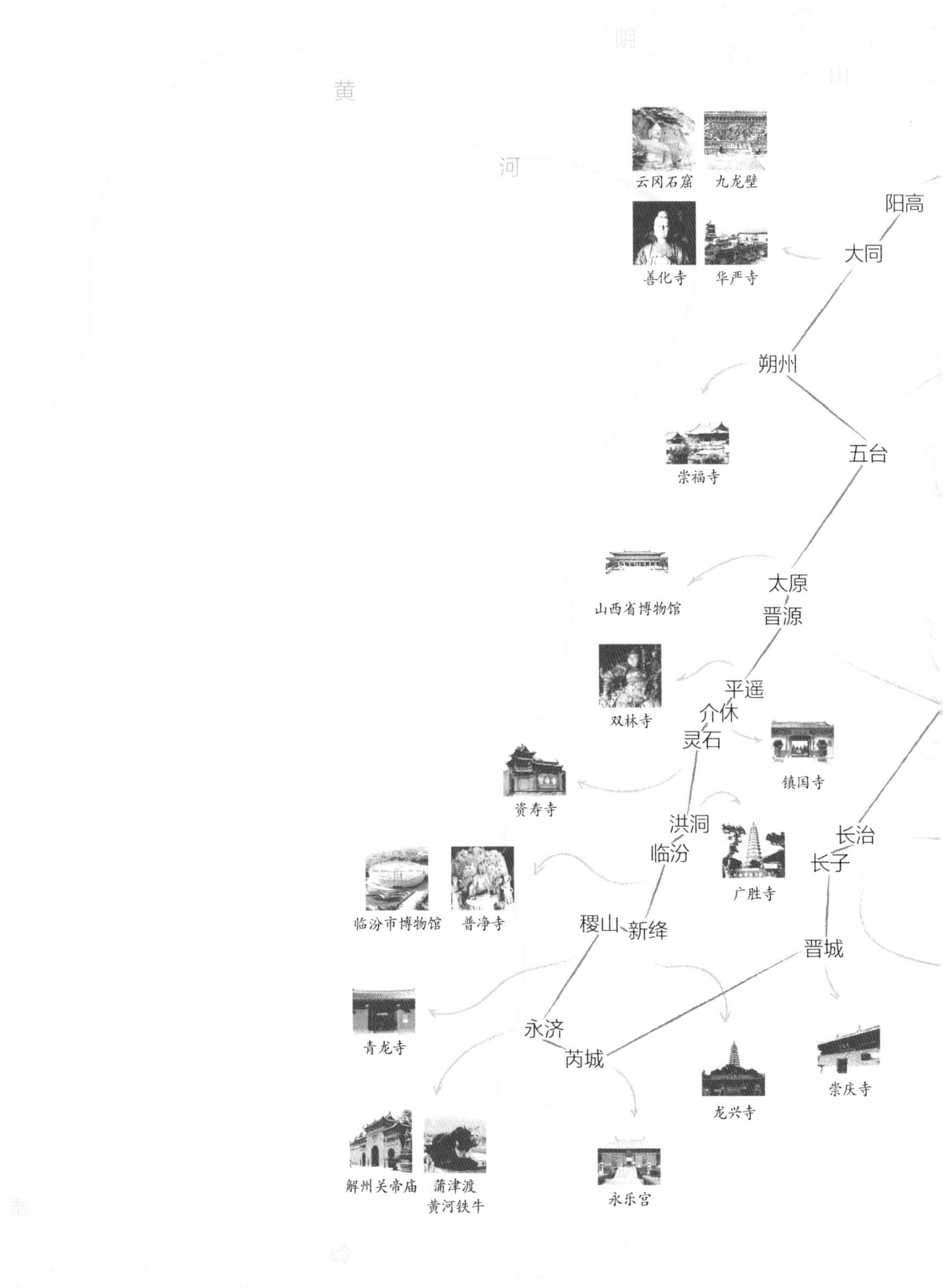
阴
山
黄
河
云冈石窟
九龙壁
阳高
大同
善化寺
华严寺
朔州
崇福寺
五台
山西省博物馆
太原
晋源
双林寺
平遥
介休
灵石
镇国寺
资寿寺
洪洞
临汾
广胜寺
长治
长子
临汾市博物馆
普净寺
稷山
新绛
晋城
青龙寺
永济
芮城
崇庆寺
龙兴寺
解州关帝庙
蒲津渡
黄河铁牛
永乐宫
秦
岭

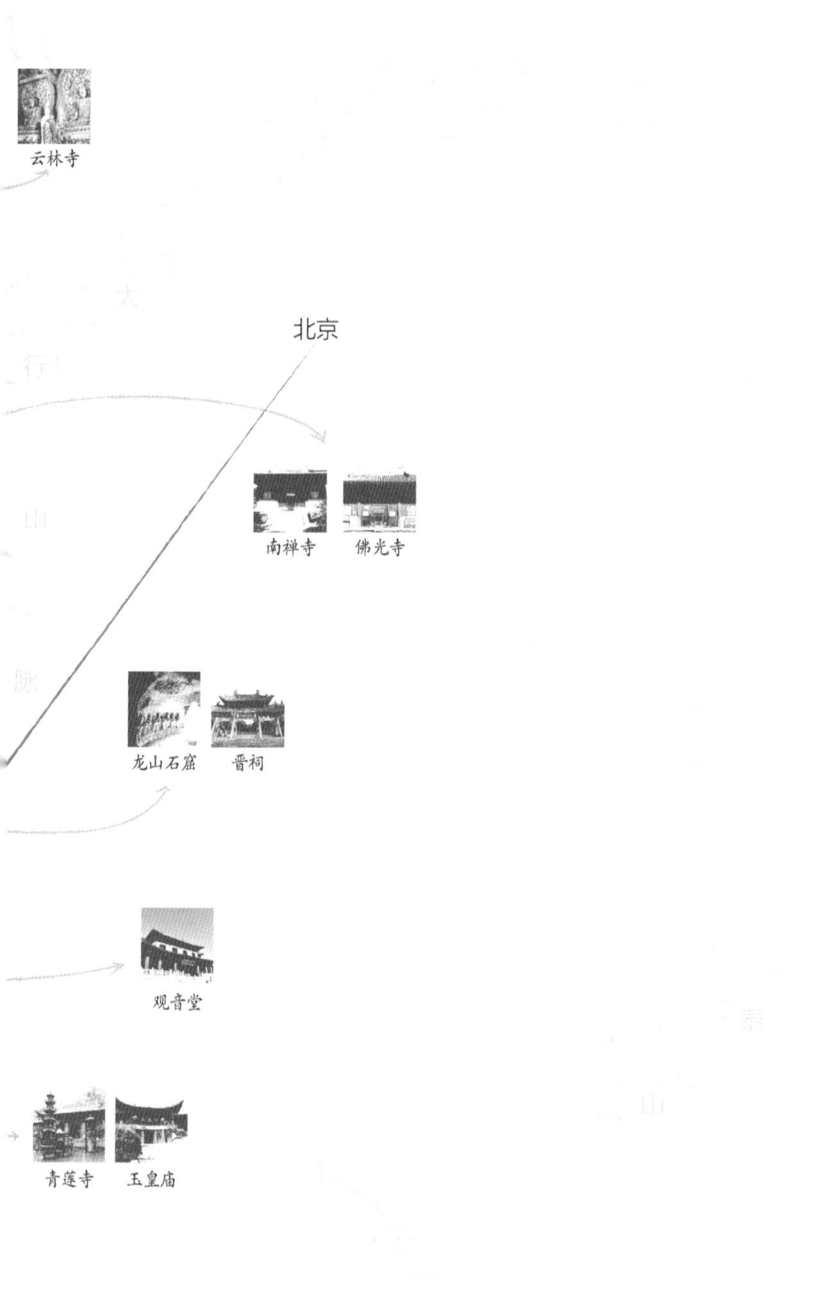

云林寺
太
行
山
脉
北京
南禅寺
佛光寺
龙山石窟
晋祠
观音堂
泰
山
青莲寺
玉皇庙

东魏：汉承胡制

东魏[1]实权掌握在高欢手中，他是鲜卑化的汉人。他穷兵黩武，沿袭鲜卑人的习俗，对北魏后期的完全汉化、实行汉制的政策极为不满，从文化思想到生活习俗都承袭前朝的“胡制”。

北魏以后，佛像艺术又有了新的变化。造像的面相由瘦长又转化为半圆形状，重新恢复到北方民族的审美标准上来，即所谓“鲜卑化”模式。也从南朝风格中择取消化张僧繇的“张家样”，面相多肉、丰满、圆润。东魏、西魏同时呈现此种特征，这也是由于政权更迭所必然呈现出的胡风再盛的模式。

这一时期的佛教造像主要集中在太行山东侧的河北邯郸的南北响堂山石窟（东魏都城邺城附近）、太行山西侧的山西太原的天龙山石窟（太原是高欢大本营）。河北曲阳，山东济南、博兴、青州、临朐等地也发现大批石雕和金铜造像。从现存实物看，东魏和北齐造像风格几乎一脉相承。

① 东魏（534—550）是从北魏分裂出来的割据政权。534年，权臣高欢所立的皇帝北魏孝武帝元脩不愿做傀儡皇帝，被迫投奔关陇军阀宇文泰。高欢暂时拥立元亶主持朝政，但回京后以辈分错乱为由废除元亶的权力，改拥立元亶的世子，年仅十一岁的元善见为帝，即魏孝静帝，东魏开始。建都于邺（今河南安阳北至河北临漳南），以晋阳（今山西太原西南）为别都，高欢坐镇晋阳，遥控朝廷，拥有今河南汝南、江苏徐州以北、河南洛阳以东的原北魏统治的东部地区。550年，孝静帝禅位于高欢之子高洋，东魏灭亡。

佛陀立像头部　东魏　山东省博物馆藏　作者拍摄

青州龙兴寺：东魏北齐承继明确

龙兴寺位于山东省青州市，是始建于北魏时期的皇家寺院，明代被毁，存世800余年。现存塑像400多尊，以东魏和北齐的造像为多，件件优美、雕工精细，是难得的艺术精品。从作品中可以清晰地看到东魏风格与北齐风格之间的关联与差异。

佛陀头部　东魏　山东省博物馆藏
作者拍摄

东魏造像面部丰满圆润，弯眉，丹凤式眼半睁，鼻呈蒜头状，小嘴上翘。北齐造像面部却呈长圆形，面部宽度和发际线到下颏长的比例在1∶1.1左右。头顶部略尖，额较圆，鼻梁从额中直下并略带弧形，双眼微睁，颧骨较低，嘴较小，下颌较突出。

佛陀头部　东魏　山东省博物馆藏　作者拍摄

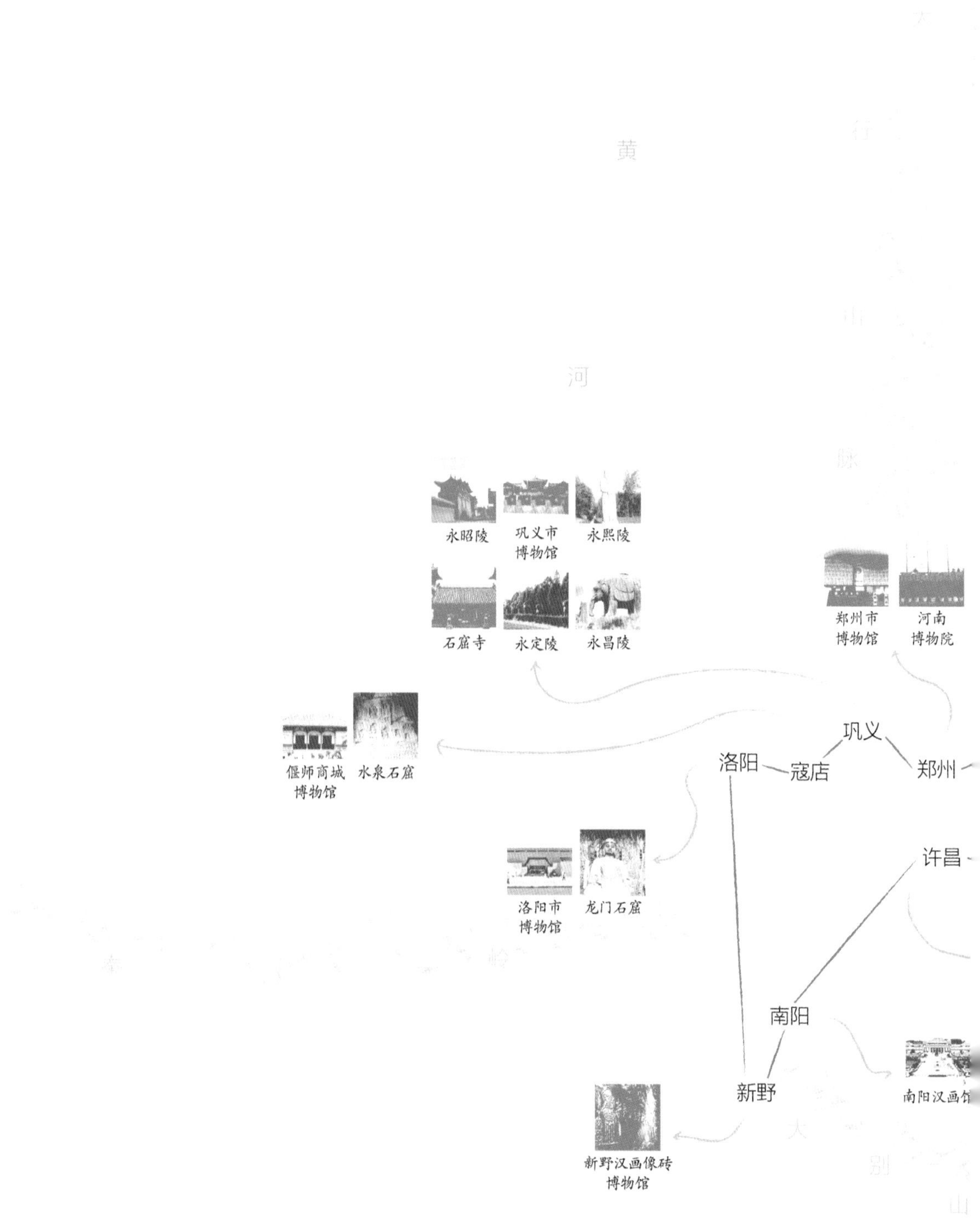

黄
河
行
山
脉
永昭陵
巩义市
博物馆
永熙陵
石窟寺
永定陵
永昌陵
郑州市
博物馆
河南
博物院
偃师商城
博物馆
水泉石窟
巩义
洛阳
寇店
郑州
洛阳市
博物馆
龙门石窟
许昌
南阳
新野
南阳汉画馆
新野汉画像砖
博物馆
大
别

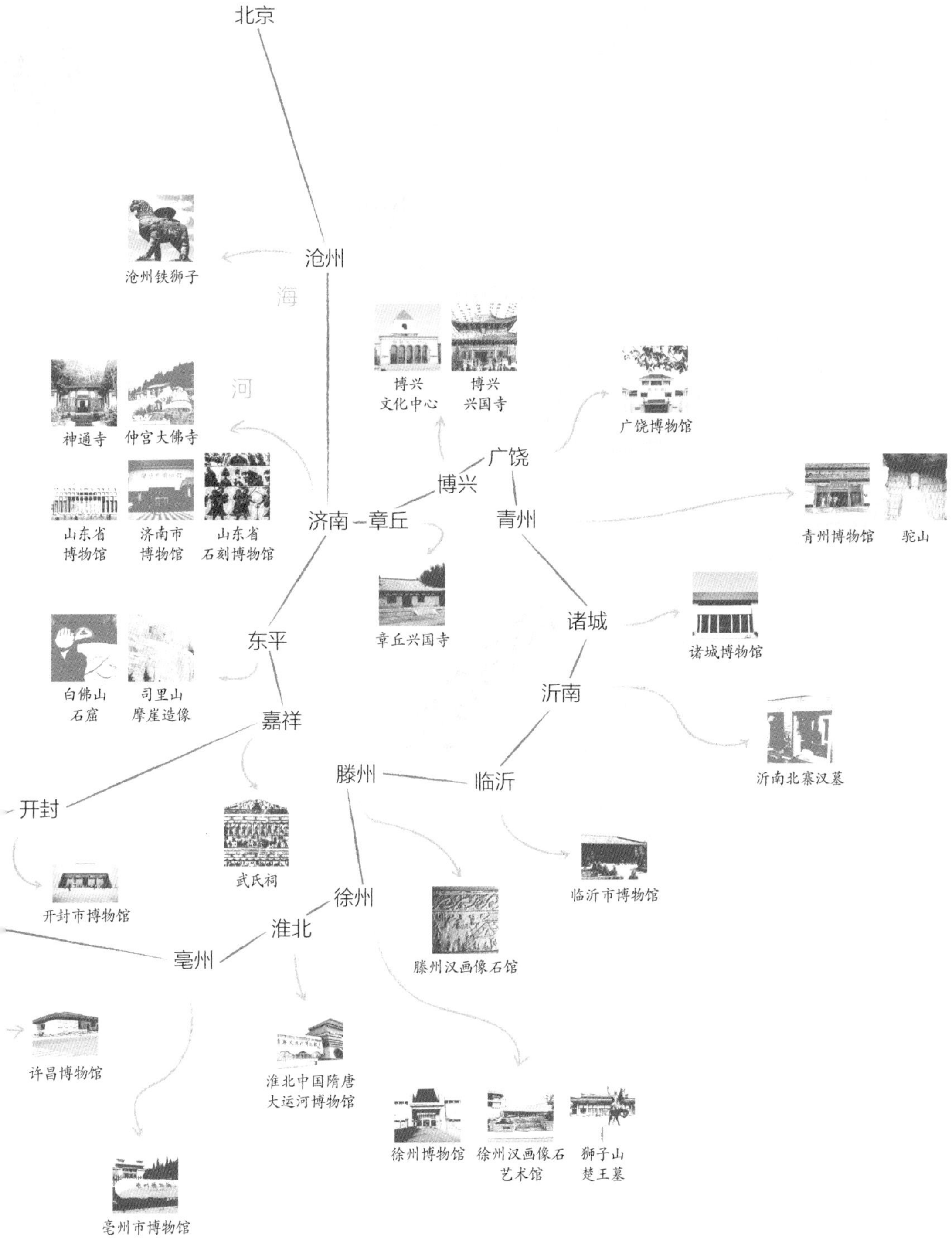

北京
沧州
沧州铁狮子
海
河
博兴
文化中心
博兴
兴国寺
广饶博物馆
神通寺
仲宫大佛寺
广饶
博兴
青州
青州博物馆
驼山
济南
章丘
山东省
博物馆
济南市
博物馆
山东省
石刻博物馆
章丘兴国寺
诸城
诸城博物馆
东平
白佛山
石窟
司里山
摩崖造像
沂南
嘉祥
沂南北寨汉墓
滕州
临沂
开封
武氏祠
临沂市博物馆
开封市博物馆
徐州
淮北
滕州汉画像石馆
亳州
许昌博物馆
淮北中国隋唐
大运河博物馆
徐州博物馆
徐州汉画像石
艺术馆
狮子山
楚王墓
亳州市博物馆

北齐：漂洋过海来看你

从北齐[①]的造像风格中能够清楚地看到海上丝绸之路与南传造像的模式影响。秣菟罗风格自恒河入海，经扶南（柬埔寨）、交趾（越南）再到广州、泉州，沿中国东部海岸线北上，直到青州，给北齐带来了新鲜的血液，使其发现了借鉴的新对象。

青州龙兴寺出土的以及邺城发现的大批北齐造像，揭开了北齐神秘的面纱。古代青州的长广郡和东莱郡是两大重要的海路登陆点。撇开其政治归属，青州自身亦是中外佛教艺术流传的重要中转站。早在411年，法显[②]法师在海上遇到风暴，一路向北在山东青州长广郡牢山（今山东青岛崂山）登陆了。在此之前，还曾有天竺高僧佛驮跋陀罗也乘船经水路北上，到了青州的东莱郡，后至长安与鸠摩罗什会面，之后法显与佛驮跋陀罗又南至建康会面，同译佛经。在南朝宋太祖年间（424—453），沙门道普西行寻经，亦附舶北上取道青州长广郡。

① 北齐（550—577），是中国南北朝时期的北朝割据政权，东魏权臣高欢次子高洋废掉东魏傀儡皇帝孝静帝，改朝北齐。建都邺城，又称高齐。北齐继承了东魏所控制的地盘，占有今黄河下游流域的河北、河南、山东、山西以及苏北、皖北的广阔地区。历经六帝，于577年被宿敌北周攻灭，享国二十八年。

② 法显（334—420），东晋高僧，平阳郡武阳（今山西临汾）人，是中国海外求法第一僧。法显三岁剃度，仍住在家中。后因患病将死，才将他送往寺院。病愈之后，法显就不再返回俗家。二十岁受具足戒，慨叹律藏残缺，因而发愿前往西域、印度寻求戒律原典。399年，65岁高龄的法显从长安出发，经西域至天竺寻求戒律，游历30余国，收集了大批梵文经典，前后历时14年，于义熙九年从海路归国。

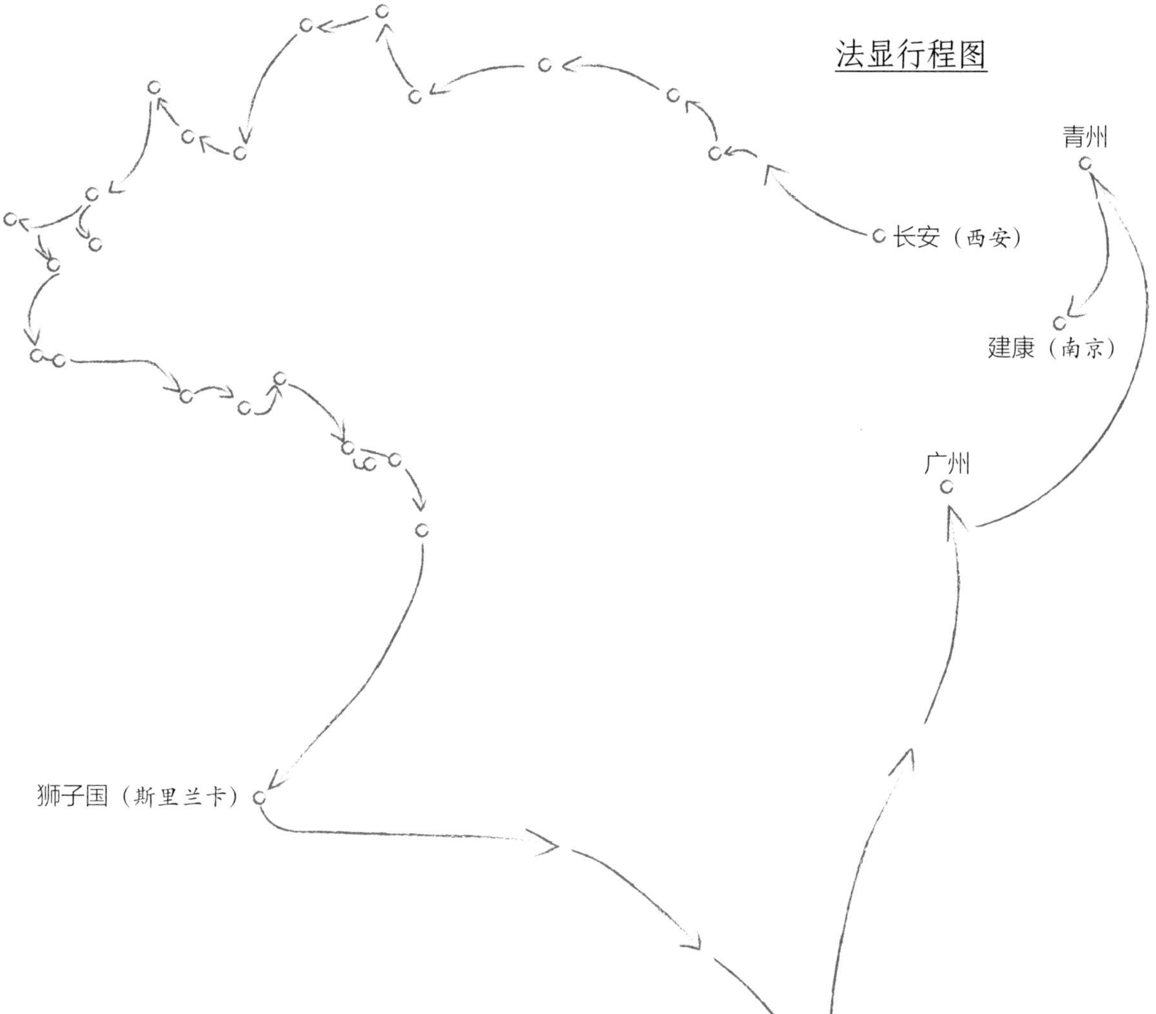

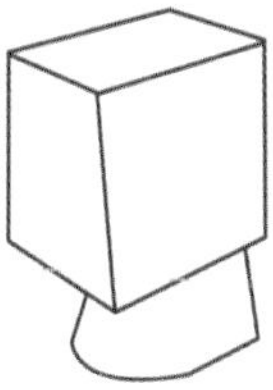

① 北齐造像的头部

因此，在北齐统治下的这一地区产生如此风格的造像就不足为奇了。北齐佛陀造像受南朝影响，五官又受到海上丝路带来的母本秣菟罗造像风格的影响，脸型承继了东魏的圆润和正梯形的正面，头部①其他面为正方形的六面体。

石雕佛陀头部　北齐　山西省太原市华塔村出土　刘雷拍摄

佛陀头像　北齐　公元6世纪　河北响堂山石窟　底特律艺术学院美术馆藏　宁孜勤拍摄

响堂山石窟，不同凡响，北齐法王塔
——北响堂 1 窟

大佛洞　北齐
河北邯郸响堂山石窟
作者拍摄

北齐是我国皇家墓葬唯一出现法王塔形式的时期。在北齐，转轮王的理念再度被明确。从东魏武定末年至北齐后主高纬时期，尽管时间较短（约20年），佛教没有多大的发展变化，但毕竟属于改朝换代阶段，统治阶级为了表现自己，在各个方面都要施加影响，改变前代遗风，反映到佛教造像上也毫不例外。一个集中体现就是北齐皇室开凿的响堂山石窟。

响堂山最早开凿的是北响堂第九窟（大佛洞），有文献记载是“高欢陵穴”。从塔窟的外观看，建造模式与贵霜王丘就却和迦腻色伽的法王塔极为相似。东魏政权本就是傀儡政权，高氏父子改朝换代、篡夺权位的野心似乎也想借用转轮王的体系确认其政权的合法性，打造神王一体的统治模式。

佛陀头像　北齐　美国纽约大都会博物馆藏　作者拍摄

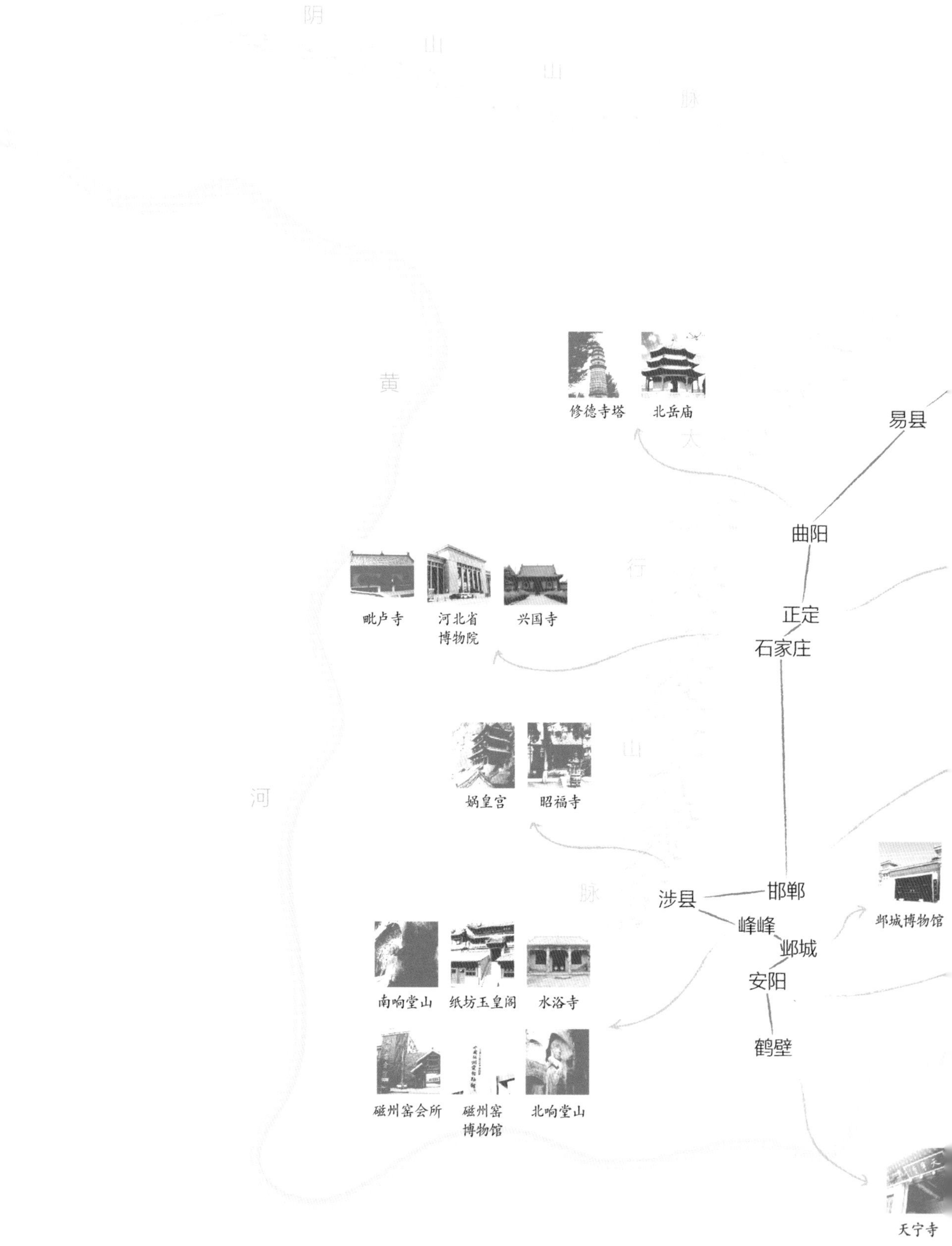

阴
山
山
脉
黄
河
太
行
山
脉
修德寺塔
北岳庙
易县
曲阳
毗卢寺
河北省博物院
兴国寺
正定
石家庄
娲皇宫
昭福寺
涉县
邯郸
峰峰
邺城
安阳
鹤壁
邺城博物馆
南响堂山
纸坊玉皇阁
水浴寺
磁州窑会所
磁州窑博物馆
北响堂山
天宁寺

北京

开元寺

隆兴寺

临济寺塔

邯郸市博物馆

小南海石窟

安阳市博物馆

碧霞寺

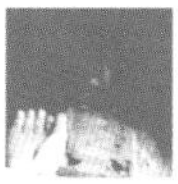
大伾山

鹤壁市博物馆

眼睛的密码

无蒙古褶

蒙古褶

蒙古褶

希腊

犍陀罗

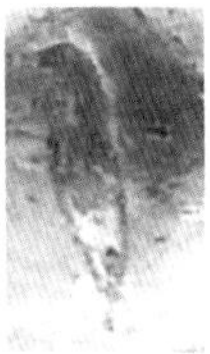
西秦

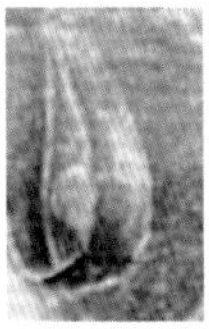
北魏

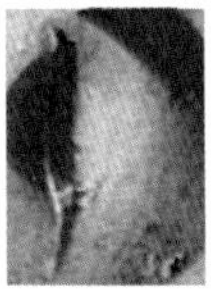
北齐

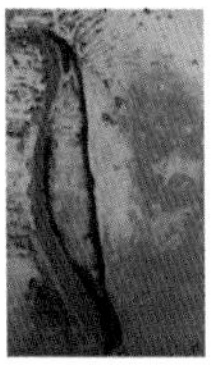
唐

蒙古利亚人种的独特特征——**蒙古褶（内眦褶）**：有些人的眼内角，有一个上眼睑皱褶延续而形成的皮肤皱襞，并且多少覆盖着泪阜，此皱襞叫蒙古褶。蒙古褶的发达程度有明显的族群差异，蒙古褶在白种人当中是一种异常性状。蒙古褶最常见于中亚、北亚和东亚等地的蒙古人种中。一般来说，欧洲人、澳大利亚人、美拉尼西亚人及非洲人等都没有蒙古褶，但非洲的布须曼人有蒙古褶。

眼裂高度：细窄的眼裂是中亚、北亚及东亚蒙古人种各族群的特点，他们同时具有发达的蒙古褶和上眼睑皱褶；高而宽的眼裂是黑色人种各族群的特点。

眼裂倾斜度：主要看眼睛的内角和外角的位置关系。眼裂倾斜度有族群的差异。欧洲人眼外角较眼内角稍高；蒙古人种各族群，眼裂往往是斜的，眼外角明显高于眼内角，这与眼内角具有蒙古褶有关。

眼眶倾斜度：主要看眉弓骨和下眼睑的倾斜度。欧洲人种眼眶倾斜度呈钝角形，东亚人种眼眶倾斜度呈直角形。

眼裂倾斜度

眼眶倾斜度

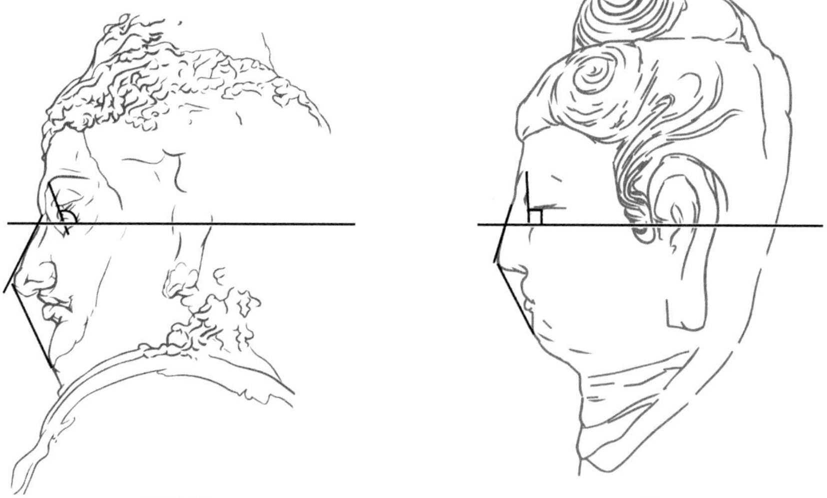

犍陀罗　　唐

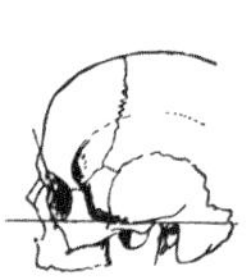

钝角形——欧洲人种

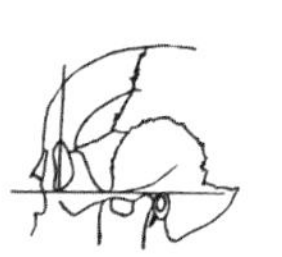

直角形——东亚人种

风格的会师：从印度河到太行山

贵霜王朝的建立催生了佛陀造像，并经海、陆由南北两路向东方传播。最终，在北朝，佛教造像的传递实现了跨越500年的海陆大汇合，使风格会师于太行山山脉东侧，正如同双手合十的完满手印。

这次风格的会师，发生在北朝后期。北朝前期是沿袭自新疆、河西走廊传入的犍陀罗、秣菟罗的混合风格。北朝后期，秣菟罗风格跨海而来，会同南朝“变梵为汉”的前期尝试，助力北朝造像彻底汉化的形象再造。这一路走来，佛陀造像延续演绎人性的光辉，会师之后，至隋唐才又回归到对神的崇拜和敬畏。

北魏前期仍是凉州模式的延续，直至孝文帝改革，完全推行汉化，加强与南朝的交流与互通，才开始彻底地改变北方游牧民族的胡化特征。造像比例关系以北凉风格的第二种类型为基础，脸型特征由窄长向方圆形变化，与四川出土的南朝造像脸型接近，眼裂较小，上眼睑压下眼睑（蒙古褶的特征），鼻翼宽短，两侧嘴角与鼻翼外延、内眼角连线呈八字形。嘴唇较薄，由凸唇、缩唇归为正唇型。希腊化的犍陀罗风格为凸唇型，而本土化的秣菟罗风格属缩唇型，东亚蒙古人种基本为正唇型。

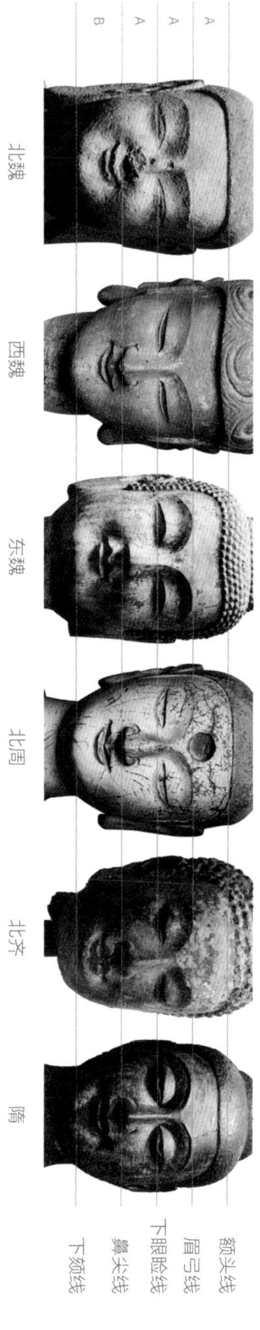

第五章

南朝

变梵为汉的早期试验

天竺南朝：山水相连，一“笑”而至

佛陀造像的南传之路远隔千山万水却看似一“笑”而至。从地图上看，南传陆路的行进曲线正像一个“微笑”的嘴型，而翻山越岭、远跨重洋的海路则更像是“大笑”的嘴型。两条线路，两个“笑容”。

南传的陆路，汉代是蜀身毒道①，大致相当于今天的中、缅、孟、印经济带。这是张骞听闻过，却没有走过的一条交流的密道。多年来，沿线出土文物越来越多，有力地证明了这条线路的存在。

南传的另一条线路是海路，也就是交广道②，基本沿着海上丝绸之路传播：天竺—扶南（柬埔寨）—交趾（越南）—广州—泉州—青州。虽然海上有风暴，但是相较于陆上交通工具，船只载重更大，水路也比滇缅的崎岖山路更具通达性。达摩祖师便是从广州登陆，北行至北魏洛阳，弘法禅宗一派。

① 蜀身毒道：指我国古代一条重要的交通线，被称之为西南陆地的“丝绸之路”。从今四川起始，经云南的昭通、曲靖、大理，再由云南保山出境，入缅甸、泰国，到达印度，再从印度翻山越海抵达中亚，直至地中海沿岸。在这条古商道上，中国商人通过掸国（今缅甸）或身毒（今印度）商人与大夏的商人进行货物交换，用丝绸或邛竹杖，换回金、贝、玉石、琥珀、琉璃制品等。

② 交广道：是一条海陆兼程线，尤其值得重视。即天竺—扶南—交趾（或广州）入长江流域的佛教文化传播线。交趾与广州均属孙吴所辖范围，各自可沿海岸线达扶南（今柬埔寨），又可各自经陆路取道武昌或建业。由于其位于印度与中国这两个最大的亚洲佛教古国之间，其地位的重要，可比之为西域的于阗与龟兹。

汉至西晋间，就史料看，有关航海至中国的均在广州以西，即使是东晋法显，原本“随他商舶趋广州”而后北上，只因盲目漂流才至青州长广郡。而由广州至武昌或建业，很可能经由长沙北上，当时的长沙，有通往交趾或广州的通途。

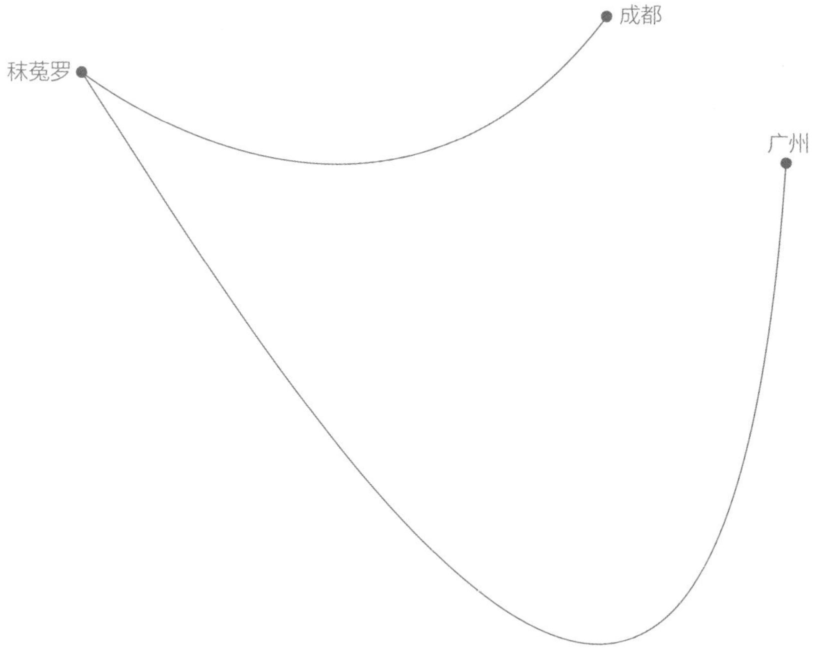
成都
秣菟罗
广州

三昧佛像　公元 6 世纪前吴哥时期
柬埔寨国家博物馆藏
刘雷拍摄

宝冠佛　东北印度　约公元12—13世纪
黑色片岩
梵亚博物馆提供

“中间人”：东南亚

东南亚是佛陀造像南传之路的必经之地，包括今天的泰国、越南、柬埔寨、缅甸、老挝、印尼等。作为“中间人”，它一方面参与传播，另一方面也在接受。从早期的佛陀造像风格上看，东南亚地区整体受秣菟罗风格的影响，间或有阿玛拉瓦蒂的风格出现，后期则是笈多王朝之后的秣菟罗风格更为明显。笈多时期的秣菟罗风格被认为是印度历代雕刻中最完美的，它是在融合了贵霜秣菟罗和犍陀罗风格之后创造出的新模式。这一模式直接影响到南亚、中南半岛以及南北朝时期的中国，并远播朝鲜半岛及日本。

纵观佛陀造像的演变，我们就会发现，任何时期、任何地域接纳和保留最多的是姿态、衣装、饰物、发式和台座等特征，面部却会迅速变成当地人的模样，东南亚也不例外。尽管周身形态与秣菟罗风格无异，但是面容部分却已是面部扁平、眉毛隆起并相连、眼睛凸出、鼻子扁平、嘴唇厚实。

印度尼西亚　800年　安山岩　美国底特律艺术学院美术馆藏　宁孜勤拍摄

变梵为汉：群星闪耀时代的审美再造

佛陀立像　东晋
北京故宫博物院藏
屈峰拍摄

魏晋南北朝是中国文化群星闪耀之时，中国的文化精英对佛像进行了造诣更高、视角更广的艺术再造。这股汉风涤荡了北朝的各个时期，因此北朝的汉化过程一直处于西来、南来、东来的包围之中。如果说南朝是“变梵为汉”的直接汉化和迅速改造，那么北朝的造像便是“老火煲汤”，是炖出来的味道。

长年的战乱与动荡，使汉地的文人士子、皇族权贵都南迁至江南避难，致使南朝政权的更迭一直维持着汉人的血脉，而魏晋时期的书画名家借此相对统一的审美体系创造出独具汉风的“风骨”精神，也成为华夏艺术的根本精神。

这一时期也是中国绘画、雕塑艺术走向成熟的过渡期，独立的雕塑、绘画、书法作品的出现可以追溯到战国以前，而汉代见其雏形，经历西、东两晋的滋育，在南北朝时期得到发展，最终兴盛于隋唐。

佛陀头像 南朝梁 四川成都万佛寺出土 现藏四川省博物馆 段一鸣拍摄

佛陀坐像　公元3—4世纪　六朝　美国萨克勒博物馆　宁孜勤拍摄

这个时期名家辈出。士大夫如嵇康、谢安、谢灵运等都善画。王羲之是这个时代最杰出的书法家，被称为“书圣”。曹不兴、卫协、顾恺之、陆探微、张僧繇、曹仲达等绘画名家层出不穷。戴逵①父子的雕塑造诣使他们成为青史留名的最早的雕塑家。这些早期风格的开创者在各个方面都获得了极高的成就，为后世艺术架构和审美理念注入了华夏魂魄，同时也承继了前人的审美精神和传统技艺，经历了时代锤炼的审美再造。

① 戴逵，与顾恺之同时代且年龄略长。不仅绘画不逊于顾，相传雕塑更是神乎其神。他善于观察，精心构思，广泛地听取意见，能不断地从现实中汲取创作灵感。在佛教艺术形象的塑造上达到前所未有的境地，是一个伟大的创造者。戴逵开创了佛造像的生漆夹纻工艺。戴逵与其子戴颙开启了南朝佛教雕塑的端绪。张彦远认为，以前的佛像“以形制古朴，未足瞻敬”；“后晋明帝、卫协，皆善画像，未尽其妙；洎戴氏父子皆善丹青，又崇释氏，范金赋彩，动有楷模”。此后，经由历代创造，造像样式、风格的演变层出不穷。

戴逵的作品是中国式佛像的代表。他在建康（今南京）瓦官寺作的佛像五躯，和顾恺之的维摩诘壁画、狮子国的玉像，被赞为“瓦官寺三绝”。他不满足于以前那些“依经熔铸”“精分密數”却“不足动心”的作品。他没有停留在外来样式、固定量度仪轨上，而是运用机思，巧凝造化，不断创造。他在会稽灵宝寺制作佛菩萨木雕，觉得按照旧制雕造的形象不生动，就藏在帷帐后面，偷听群众议论，之后仔细推敲改进。积思三年，雕像方才完成，当时受到普遍的赞扬。戴逵还不以佛像神情“太俗”（太像现实人物）为错，反而有意在宗教形象中赋予人的性格，这也许就是南方佛陀造像汉风模式的开端。

绘画为造像确立了“秀骨清相”的南派气质

史料记载，南方佛教造像的汉化进程比北方更早一些。在本为中原权贵的汉室遗老们的小天地里，佛陀造像的模式，是从绘画开始就被传播和改造了的，风格气韵也可以追溯到南朝的绘画。

三国吴人曹不兴，以绘画技艺卓越被列为“八绝”之一。据记载，他能在五十尺长的绢上画大像，“心敏手运，须臾立成”，而其头面手足各部比例准确无误。曹不兴擅长画人物与佛像，当时天竺僧人康僧会到东吴传播佛教，带来西域佛像画，他据此临绘，因而盛传天下。

西晋的卫协，师法曹不兴而青出于蓝，谢赫在《画品》中对其评价极高，谓“古画皆略，至协始精。六法颇为兼善，虽不备该形似，而妙有气韵。凌跨群雄，旷代绝笔”，并将其列为上品。东晋顾恺之认为卫协画的《七佛图》“伟而有情势”，

高士图　东晋　顾恺之　中国国家博物馆藏

《北风诗》则“巧密于情思”。卫协因技艺卓越而被誉为“画圣”，他对东晋的绘画有直接而重要的影响。

而到了东晋，有“三绝”（才绝、画绝、痴绝）之誉的顾恺之，更是最早有作品摹本及理论著述流传至今的画家，他在当时就享有很高的声誉，曾被名士谢安誉为“自生人以来未有也”；他画的瓦官寺维摩诘像，有“清羸示病之容，隐几忘言之状”，曾引得建康人士为之倾倒，这也是“秀骨清相”最早的形象了，直至唐代仍作为名迹而被重视。顾恺之的艺术思想、绘画题材和艺术技巧，都对后来绘画艺术的发展有重大影响。

佛陀立像 青铜鎏金雕 北魏太和十年
美国底特律艺术学院博物馆藏
宁孜勤拍摄

南派造像：中国化的早期试验

南朝造像的风格较北朝来说，更早体现出了华夏本土化的特征，这与十六国战乱频仍、促使北方中原汉人集团整体迁移至长江南岸并长期统治这一地区密切相关。从政治经济到文化艺术，华夏文明的基础并未被动摇，尤其是艺术领域，在连年的战火与频繁的朝代更迭中，反而大师不断出现。

中国早期的艺术形式，更多的是以陶俑塑像、金银青铜器皿、玉器玉饰、明器建筑器皿等墓葬陪侍物为主，大型的陵墓建筑前或有些许的石刻人物、动物造像。立体化的艺术模式要比平面化的绘画应用得更为广泛，中国传统造像并没有追求更精细化的描绘人物的微妙特征，就连最写真如秦俑的塑造也只是点到而止，并没有像希腊造像那样过多地强化结构的精细与变化。自佛陀造像传入之后，既带动了本土造像精细刻画的趋势，也打开了创造新模式的空间。地下的模式变为地上，绘于墙壁之上的改为画在纸、绢之上。

佛陀立像头部　青铜鎏金雕　北魏太和十年　美国底特律艺术学院博物馆藏　宁孜勤拍摄

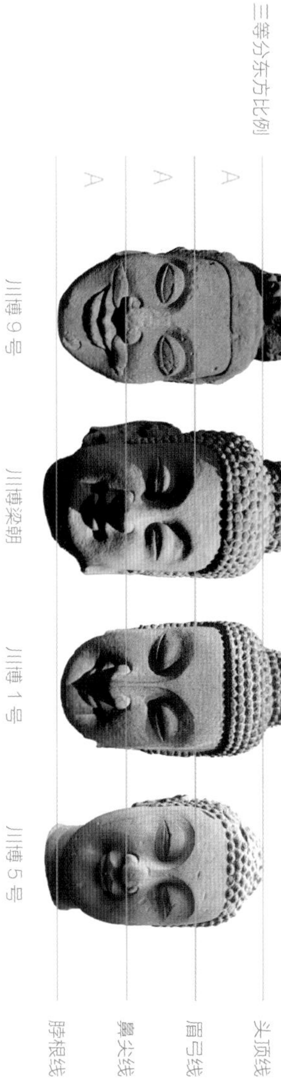

四川博物院：南派造像的集大成者

南北朝时期是中国佛教艺术发展的第一个高峰期。北朝的佛教遗存数不胜数，除云冈石窟、龙门石窟、敦煌莫高窟、麦积山石窟、炳灵寺石窟、响堂山石窟、天龙山石窟等石窟寺中遗存的造像外，还有收藏于国内外各大博物馆、美术馆中不计其数的石、金、铜等材质的单体造像、造像碑。有研究表明，至20世纪70年代，北朝造像中有明确纪年或根据相关资料可推定纪年的就有1360件，当然这个统计与实际数量有差距，而且70年代以后，各地如山东青州龙兴寺、河北邺城等又有大量造像出土，虽然目前尚无准确统计，但数量之大可见一斑。

然而，尽管南朝作为当时的佛教文化中心，我们可以在僧传、正史、画史等各种资料中找到很多关于南朝佛教及其造像的记载，但今天我们所能见到的南朝佛教造像实物较之北朝，却相当稀少。目前所知四川以外的南朝佛教石窟寺与摩崖造像遗存仅有两处：一是南京栖霞山千佛岩龛像，建于南朝齐梁年间；

二是浙江新昌宝相寺，始建于南朝梁，保存状况很差，现已面目全非。可移动造像则只有少量传世的金铜造像，如著名的元嘉十四年韩谦造像、元嘉二十八年刘国之造像、永明六年维卫佛像、大同元年释慧影造像等。

自19世纪末以来，四川境内的成都、彭州、茂县、汶川等地陆续出土了为数不少的南朝佛教造像，它们是学术界研究南朝造像艺术最重要的实物资料，现都收藏在成都博物馆。这一发现也证实了佛教南传的陆路蜀身毒道之路线与影响。

佛陀头像　川博5号佛头　刘雷拍摄

佛陀头像　川博一号佛头　刘雷拍摄

记住这些特征，你也是专家

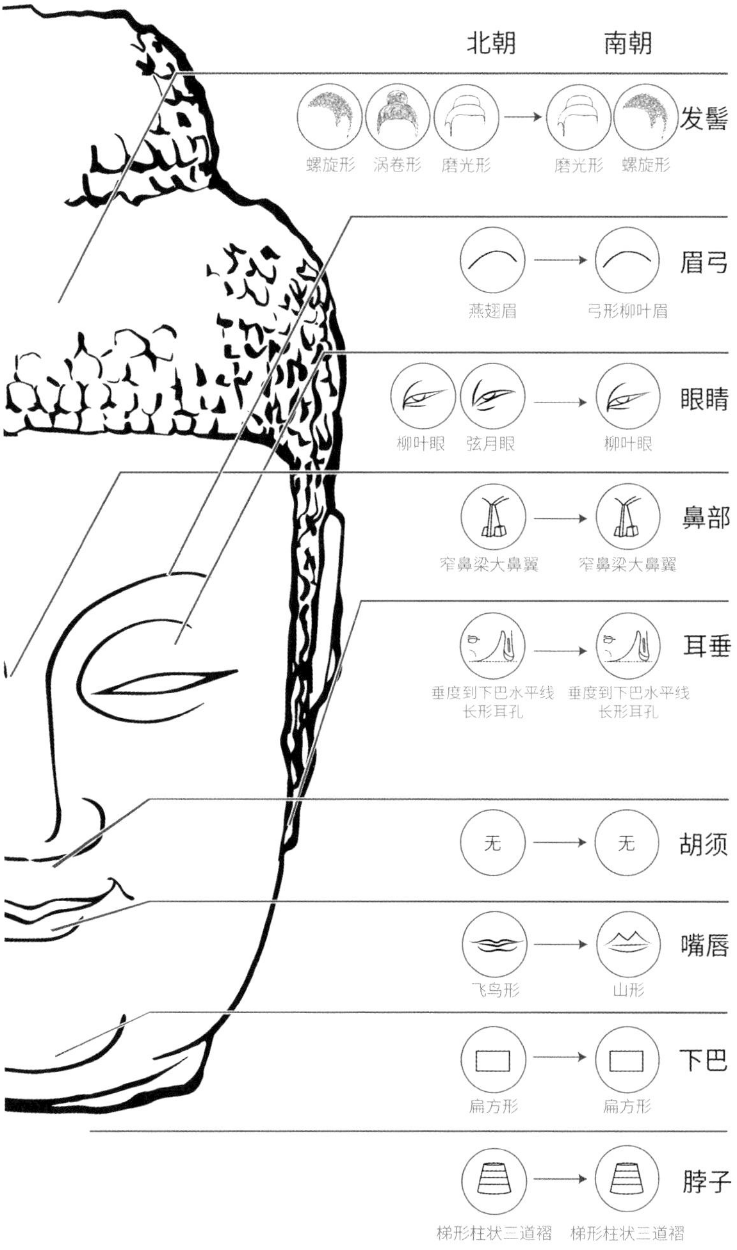

嘴唇的密码

唇是人类学的重要研究项目之一，其观察项目包括上唇高度、上唇侧面观和唇的厚度。

上唇侧面观的特征：从侧面观察上唇皮肤部的前凸程度，一般分为3种类型。

①凸唇型：上唇皮肤部明显前凸。

②正唇型：上唇皮肤部大体直立。

③缩唇型：上唇皮肤部后缩，至少其下部后缩。

欧洲人多为正唇型，而热带居民则多为凸唇型。上唇侧面的形态并不完全取决于面部骨骼的结构和牙齿生长状况，北亚蒙古人种某些族群凸唇明显。

唇厚度受年龄变化的影响很明显，一般在25岁以后，特别是40岁以后，唇的厚度明显变薄。唇的厚度在族群方面的差异也很明显，热带的一些族群唇较厚，北欧与北亚各族较薄，东亚中唇较多。唇的厚度与鼻型也有一定的相关度，一般来说，薄唇或中唇常与窄鼻型相关，而厚唇则与阔鼻型相关。

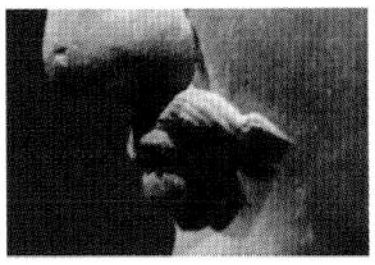
犍陀罗

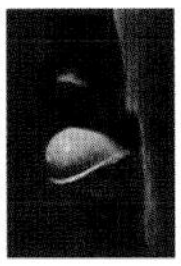
秣菟罗

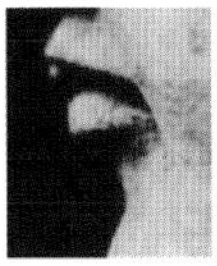
新疆

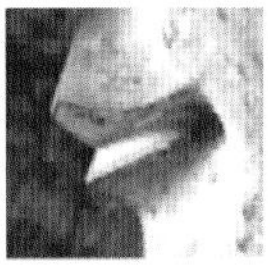
北魏

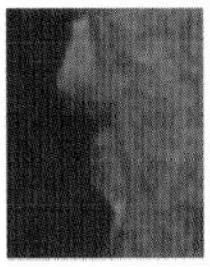
南朝

北齐

唐

正唇型

缩唇型

凸唇型

四川博物院

武侯祠

金沙遗址

成都博物馆
新馆

永陵王建墓

岷

成都

江

黄葛大佛寺

玄妙观

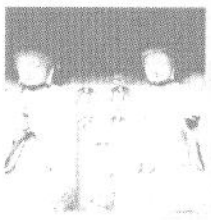
塔坡石刻造像

舒成岩
摩崖造像

千佛寨
森林公园

资中
重龙山石窟

资中
秦家岩大佛

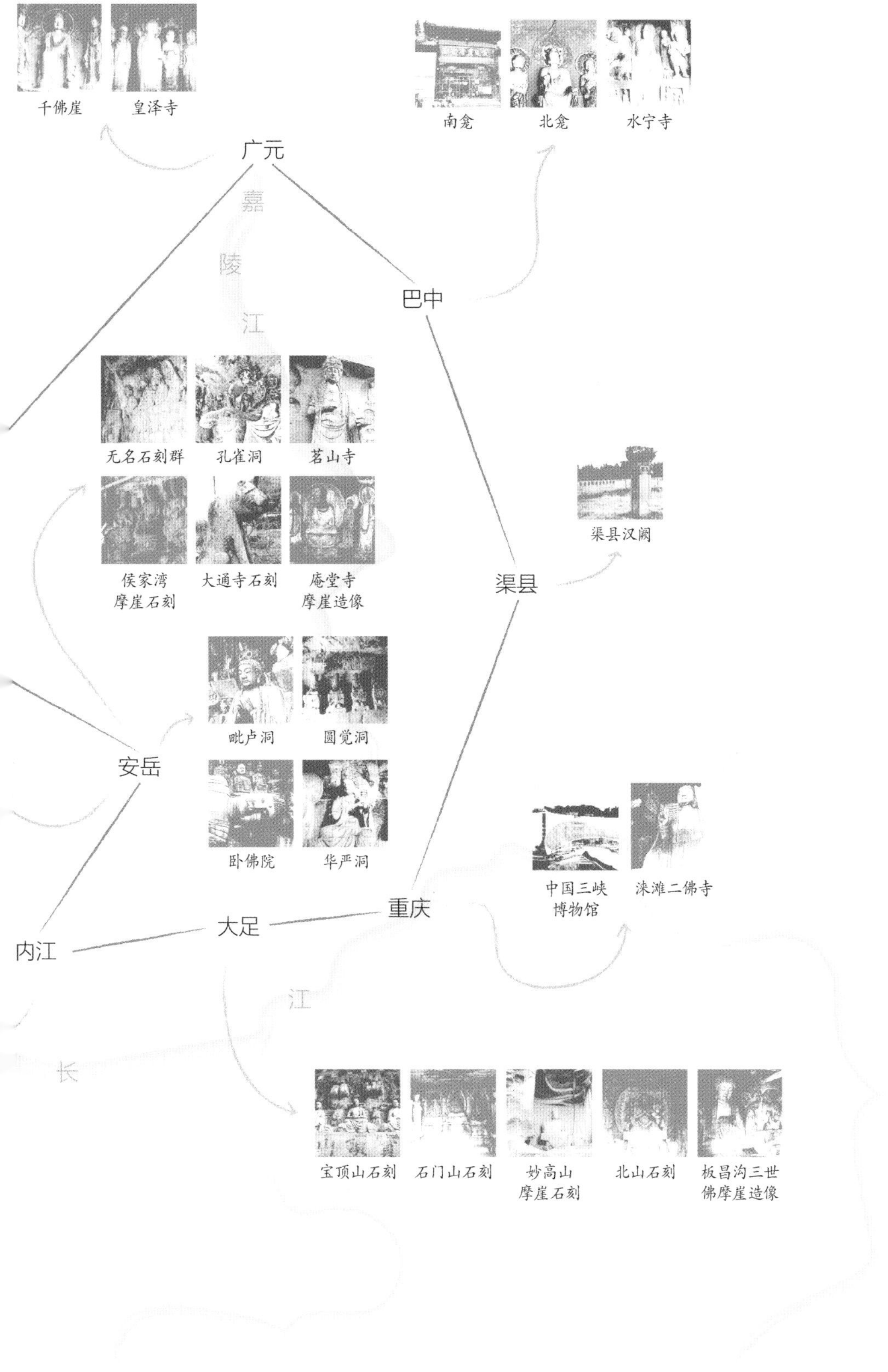
千佛崖
皇泽寺
南龛
北龛
水宁寺
广元
嘉
陵
江
巴中
无名石刻群
孔雀洞
茗山寺
侯家湾
摩崖石刻
大通寺石刻
庵堂寺
摩崖造像
渠县汉阙
渠县
毗卢洞
圆觉洞
安岳
卧佛院
华严洞
中国三峡
博物馆
涞滩二佛寺
重庆
大足
内江
江
长
宝顶山石刻
石门山石刻
妙高山
摩崖石刻
北山石刻
板昌沟三世
佛摩崖造像

第六章

唐

熟成华夏风范

隋：华夏风范的前期准备

自唐伊始，宏阔的世界格局熔铸出华夏风范。而隋[①]则是通过其短暂的整理，为盛唐成熟风格的创立做了前期准备。

隋朝虽然只存在了37年，却是中国再一次的大统一。隋开凿的洞窟、兴建的寺庙遍及全国各地。隋也是在敦煌开窟最多的朝代，共有110多个。隋滋生于北周，其造像风格也是以北周风格为基础，又汲取于北齐及南朝，试图开创大国风范、神皇一体的新模式。

① 581年二月，北周静帝禅让于杨坚，北周覆亡。杨坚定国号为“隋”，定都大兴城（今陕西西安）。589年南下灭陈朝，统一中国，结束了自西晋末年以来长达近300年的分裂局面。605年，隋炀帝即位后，令宇文恺营建东都洛阳，并于606年颁布诏书迁都洛阳（今河南洛阳）。618年宇文化及等人发动兵变，杀死隋炀帝。隋恭帝杨侑禅让于李渊，唐朝建立。

佛陀坐像头部　隋　麦积山石窟 94 窟　宁孜勤拍摄

佛陀立像头部
隋　敦煌莫高窟 431 窟正壁
宁孜勤拍摄

佛陀立像头部
隋　敦煌莫高窟 431 窟左壁
宁孜勤拍摄

佛陀坐像头部　隋　生漆夹纻　沃尔特斯艺术博物馆　宁孜勤拍摄

佛陀涅槃像局部　唐　敦煌莫高窟 158 窟　孙志军拍摄

唐：佛陀的华夏风范

隋朝的短期铺垫与准备，为大唐的文化盛世奠定了基础。中华文明自诞生之日起就是兼容并蓄。北魏以后，汉魏以降的汉族传统文化，更是加速吸收和融合了所在地区各部族的文明。华北地区的文明中含有匈奴、羯和鲜卑族的文化因素，江南的文明受到了蛮、越和海上丝绸之路带来的外域文化因素的影响，而河西的文明则不仅有氐、羌，还有鲜卑秃发等部的文化因素。

尽管这三个地区的文明在不同程度上都与汉族文化传统有关联，但彼此之间仍存在着相当大的差异。一旦它们被熔于一炉，中华民族的整体文明水平就得以再次升华。这正是隋唐一统天下的价值所在，也正是贞观之治到开元盛世的历史意义。

盛世的大唐长安已经是世界性的大都会。兼纳西东，融汇南北。唐的文化艺术亦呈现出兼容并蓄、“将世界中国化”的融合创造模式。因此，唐朝才凸显出大国风范，皇皇天威。

佛陀坐像头部　初唐　麦积山石窟5窟2龛　作者拍摄

“龙门”二字为陈毅元帅手书　龙门石窟奉先寺　于铁群拍摄

唐窟的典范：龙门石窟

龙门石窟佛陀头像　唐　公元7—8世纪
美国普林斯顿大学艺术博物馆藏
宁孜勤拍摄

在龙门石窟的所有洞窟中，北魏洞窟约占30%，唐代洞窟约占60%，其他朝代的仅约占10%。龙门石窟是有唐代石刻造像的石窟中数量最多也最为精美的石窟。龙门石窟在云冈石窟之后，始凿于北魏孝文帝由平城（今山西大同）迁都洛阳前后。这一时期北魏统一北方，佛教成为思想统治的支柱。此后，龙门石窟在各代都有修复和续作，其中以北魏和唐代的开凿活动规模最大，长达150年之久。

奉先寺是龙门石窟规模最大、艺术最为精湛的一组摩崖型群雕。开凿于唐高宗初，咸亨三年（672），皇后武则天赞助脂粉钱两万贯，因此有人说此窟的大佛是参照武则天的形象雕刻的。佛像面部丰满圆润，头顶波状旋涡形的发纹，眉弯如新月，一双秀目凝视下方。鼻梁高直，小嘴巴，露出祥和的笑意。耳长且垂，下颏圆而略向前凸。整尊佛像，宛若一位睿智而慈祥的中年女性，令人敬而不惧。

佛陀坐像头部　唐　龙门石窟奉先寺　姜维拍摄

如果说北魏是在形象上做文章，那么唐朝就是在气度上定基调

自唐代始，佛陀的造型和表现方式都形成了固定模式，到两宋、辽金、元、明时期，在或站或坐的姿态上已无改变，而在其他方面只是由于不同时期对气势、形象、服饰的认识理解不同，在具体表现方式上进行了更加精细的挖掘和创造。

佛陀造像更显示出威严的王者之相。为了加强神与人的距离感和神秘感，雕塑家更是竭尽全力把人神化，他们通过改变骨相、面相、身体的比例、衣纹的薄厚，通过对熟知的人物和动物的形体结构与解剖结构的拆分与重组，来实现所要表现的神与人不同的境界。

北魏晚期的华夏风骨，从风格形式上到传递出来的精神境界，都已经完整地体现了汉地华夏文明对外来文明的理解与感悟，文化的吸收与再造凸显出时代精神与艺术价值。因此，在造像的形象特征上更加强调本土化的独特性。

佛陀坐像头部　唐　生漆夹纻　底特律艺术学院博物馆　宁孜勤拍摄

天龙山石窟佛陀头像
唐　公元 7—8 世纪
哈佛大学博物馆藏　宁孜勤拍摄

佛陀头像　唐　公元 8 世纪
波士顿美术博物馆藏　宁孜勤拍摄

而盛世的唐朝，已是万邦之地，它的文化自信带给它开放、包容的胸怀。它的造像需要体现出它的心胸与气度，需要体现出皇家的风范和包容万邦的气象。

于是，在经历了历代的艺术家与工匠们不断嫁接和创造本土文明与外来物种的融合之后，唐代的艺术家们再次把王权的威严、不可挑战、高高在上与佛陀的权威、无上觉悟、天上地下唯我独尊的神格统一在一起。新的造神运动彻底摆脱了佛陀造像诞生时的异域色彩，同时也摆脱了作为人神的人性光辉，从前那种亲和、恬静、沉思、觉悟的喜悦都不再是佛陀的根本需求，而威严、庄重、崇高、神力，成为新时代的主题。

佛陀坐像头部　隋　麦积山石窟 45 窟　宁孜勤拍摄

二次造神：定格佛陀造像之永世风格

佛陀立像头部　隋
麦积山石窟 13 窟摩崖造像
作者拍摄

佛陀造像史上，第一次的造神运动还要从秣菟罗造像说起。和南朝的佛陀造像汉化较快的原因一样，秣菟罗造像，吸纳其民间信仰以及耆那教、婆罗门教的造神模式，塑造出佛陀作为神的威严、庄重的精神气质。因为，信众已不需要那种与人亲近的佛陀，更需要可以使大众有求必应、赐福保平安的真神。

佛陀造像史上的第二次造神运动，出现在唐代，在经历了五百年的佛教传播和与本土文化的互相吸纳与融合之后，唐代对佛教典籍的解读、教义教规的整理，以及对佛陀三十二相的特征把握都已经无比充实与完整。

唐既是佛教在中国发展的完成期，更是佛陀造像的最终定型期。无论是开窟还是建寺的基本模式都是在这一时期确定的，严格的造像法也成形于这一时期。在之后的岁月中，佛陀造像的基本特征，包括“神性的威严”，再没有发生过改变。

佛陀坐像头部　唐　龙门石窟奉先寺　杨志强拍摄

莫高窟石窟 158 窟佛陀涅槃像　盛唐　李成拍摄

莫高窟

敦煌的盛唐时代

中国彩塑已经成为世界文化遗产的一部分，盛唐时期是中国彩塑艺术的巅峰时代，也是艺术与技术融合最完美的时代，它所展现的艺术气息和精神气度是后世无法企及的；而敦煌的盛唐彩塑是全国范围内最为精美的代表。

莫高窟之所以成为世界的文化遗产，在于其保存有最大量不同历史时期的精美壁画，在于藏经洞出土的大量文书、绘本的历史纪要，更与盛唐文化的华丽、饱满、恢宏、伟岸的气度分不开，而正是盛唐文化造就了佛陀造像的宏伟气度与神圣辉煌的华夏风范。敦煌地处河西走廊西陲，是古丝绸之路咽喉要地。而唐的强盛翼护了敦煌的繁荣，并将其推向高峰。

佛陀坐像局部　唐　敦煌莫高窟石窟 130 窟大像窟　孙志军拍摄

佛陀坐像头部　莫高窟石窟 194 窟　盛唐　李成拍摄

佛陀坐像　莫高窟石窟 45 窟　盛唐　李成拍摄

东西方比例的不同观测点，三庭五眼与黄金分割的比例关系

东方人物面孔的分配比例经常以三庭五眼来分配，即头部总高度三等分，可用四条线——头顶线、眉弓线、鼻尖线、脖根线相比较。眉弓水平线处在上三分之一处。这是东方人种特征的规律性描述在造像中的应用。

西方人物面孔的分配比例经常以黄金分割来分配，即头部总高度五等分，可用六条线——头顶线、额头线、眉弓线、颧骨线、唇缝线、下颏线相比较。眉弓水平线处在上五分之二处，正好接近于黄金分割点。这是西方人种特征的规律性描述在造像中的应用。

中亚、西亚地区的人类迁徙历史悠久，人种融合更为频繁，因此细微差异较多，这在造像特征上也有所体现。运用这两种比例关系可以看出某一造像的特征更偏近于哪个区域。

东亚人种三等分比例图
西方人种五等分比例图
①
隋
唐初
盛唐
晚唐
宋
明
头顶线
眉弓线
鼻尖线
脖根线
②
希腊
犍陀罗早期
犍陀罗晚期
秣菟罗早期
秣菟罗晚期
混合期
头顶线
额头线
眉弓线
颧骨线
唇缝线
下颏线

记住这些特征，你也是专家

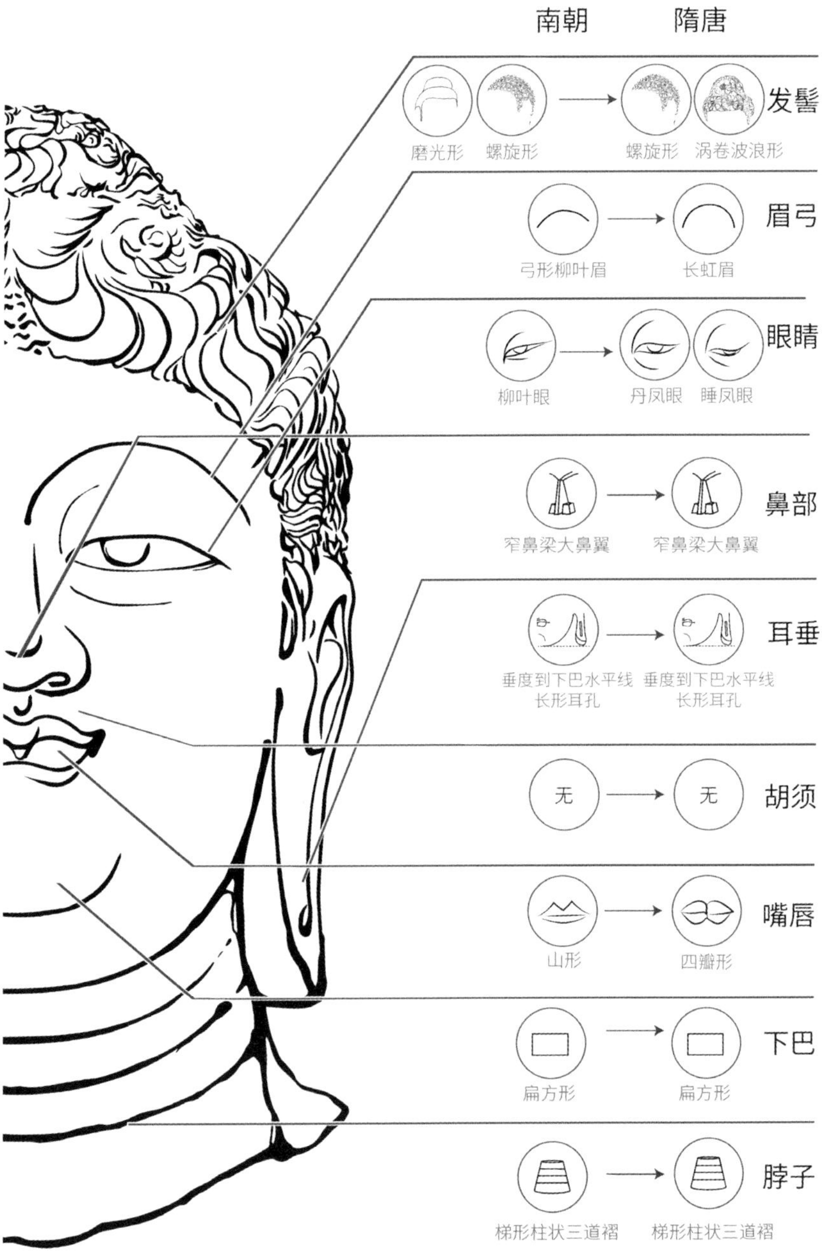

眉毛的密码

以鼻根点水平线观察眉弓的曲度即可看出不同时期眉毛曲线的变化与差异。

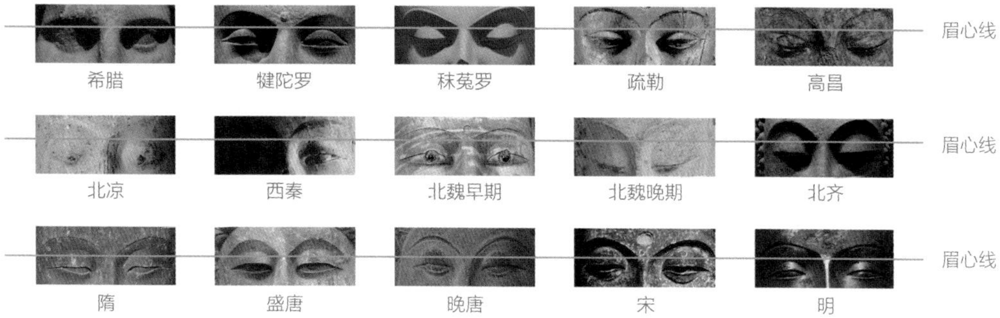

第七章

泽被西东
垂之久远

归去来兮，800 年

公元前2世纪末，月氏人自祁连山出发，离开河西走廊，一路远行，西击乌孙、大宛，穿越开伯尔山口，南下印度河流域，新生的贵霜王朝催生了佛教造像，并推动其发展与传播。此后，佛陀造像借道丝绸之路，沿水、陆两线向东挺进，足迹遍及中亚、东亚的名山大川以及东南亚的诸多岛屿，连接多个种族，融汇不同的文化情怀。新鲜的艺术血液一路奔流，浩浩汤汤，不舍昼夜，终于回到中国的腹地，回到太行山南侧的洛阳。八面来风，兼容并包，直至盛唐，定格了垂之久远的华夏风范。800年，归去来兮，人类的不同族群、不同文化，就这样接力完成了这个星球上一次圆满的艺术汇造之旅。

大宛
乌孙
伊吾(哈密)
龟兹(库车)
楼兰
粟特
疏勒(喀什)
莎车
于阗(和田)
沙州
(敦煌)
大月氏
祁
连
山
凉州(武威)
平城
(大同)
太
行
山
青州
大夏
高附
(喀布尔)
金城
(兰州)
长安
(西安)
洛阳
犍陀罗
拉合尔
成都
建康(南京)
林菟罗
泉州
广州
孟加拉

大月氏西迁及贵霜王朝进击路线
佛陀造像东传主要陆路
佛陀造像东传主要海路
佛陀造像南传陆路之蜀身毒道

泽被西东：唐风的空间影响

佛陀造像自唐开始大规模远播周边：向东传到朝鲜半岛及日本诸岛；向西反传至吐蕃（今西藏）与新疆。这种宏阔的文化输出，源自其国力强盛所带来的空间影响力以及文化的自信。

佛陀头像　唐　公元8—9世纪　新疆焉耆出土　大英博物馆藏　《西域美术》3（日本讲谈社出版）

回头浪：新疆方向的回传

新疆地区曾唐风盛行，从新疆维吾尔自治区博物馆中的文物遗存可见一斑。而佛陀造像风格，早在北魏击溃北凉、北凉退却高昌时，就有了西进的凉州模式的影响。有唐一代更是为回传的浪潮推波助澜。

泥塑菩萨头像　公元 8 世纪　新疆出土
俄罗斯圣彼得堡埃尔米塔什博物馆
作者拍摄

泥塑菩萨像　唐　新疆焉耆七个星佛寺出土　现藏巴音郭勒蒙古自治州博物馆　刘雷拍摄

唐风入藏

中国西藏的佛陀造像出现较晚，公元7—9世纪是西藏艺术形成与发展的重要时期，这一时期的西藏艺术在现实主义基础之上形成了本土艺术。随着佛教传入，吐蕃（今西藏）人吸纳周边地区多元艺术风格，与本土的艺术形式相结合，形成了具有地域特征的佛教艺术形式。这一时期汉藏艺术的交往令人瞩目：吐蕃前期，大批佛教及佛教艺术作品由汉地传入，唐风浩荡，吹进高原；汉人对于宗教文化的一些观念逐渐被接受，如造像观念、建筑样式、历史著录方式，甚至丧葬仪礼等。

文化交往是双向交流，西域敦煌艺术也被引入西藏腹地，中亚地域化的印度佛教艺术又经由藏区引入敦煌，为公元8—9世纪的敦煌绘画注入了鲜活的造型元素，形成了独特的“吐蕃敦煌波罗样式”。这种风格逐渐沿丝路古道向东南推进，进入西藏东部藏汉边界的安多和康巴，形成汉藏艺术的第一次辉煌。

佛陀头像　西藏中部　1450—1500年　美国萨克勒美术馆　宁孜勤拍摄

朝鲜半岛：丝路陆路最东端的边缘一隅

朝鲜半岛的佛教，系由中国内陆传入。据《海东高僧传》卷一载，高句丽小兽林王（高丘夫）二年（372），中国前秦王苻坚遣使者及僧顺道送去佛像和佛经可以看作是佛陀造像在半岛流传的开始。因为高句丽虽然是当时中国的一个地方政权，都城在今天中国吉林省集安国内城，但是今天朝鲜半岛的北部也在其疆域内。所以和高句丽依附前秦不同，朝鲜半岛西南部的百济是东晋的附庸，在枕流王元年（384）开始迎接来自中国大陆的东晋梵僧摩罗难陀，翌年于汉山州创建佛寺，并使平民十人从他为僧。朝鲜半岛东南部的新罗，佛教是在纳祇王时（417—457）由高句丽传入的，起初受到抵制，到法兴王十五年（528）才正式流传。

朝鲜半岛佛教与日本佛教一样，都属于汉语文化圈系统，在这一时期，它们大多在模仿和重复经过汉文化熔炼和包装过的佛教美术。无论是早期的古墓壁画还是铜造像、泥塑像和石雕

金铜菩萨立像 高句丽
韩国国立中央博物馆提供

像，在造像的样式上都与中国有着千丝万缕的联系。从某种程度上说，朝鲜半岛的佛教造像样式是对中国佛像的直接翻版，这也是个别存世作品难以区分国别的原因。但就整体气质而言，朝鲜半岛的佛教美术作品更加婉约、含蓄。

室生寺弥勒堂释迦如来坐像面相　引自《古寺巡礼》（土门拳 著）

东瀛诸岛：丝路东端的海上终点站

佛教东传之路从印度出发，经由中国与本土神仙信仰的形式结合，由长江中下游渐进，最终传入日本，结束东进的脚步。

佛教在传入亚洲各国时大多经历了数世纪的文化融合，在日本虽然也有短暂的“崇佛”与“拒佛”之争，然而恰恰因为文化发展较晚，日本的佛教从萌芽阶段就呈现出对外来文化极其谦虚和恭敬的态度。日本皇室甚至把佛教作为施政、施教的指导思想。佛教文化渐次成为日本民族的精神支柱之一，佛教美术亦成为日本美术中最根本的部分。与此同时，先进的中国文化也以佛教作为一个媒介，源源不断地融入日本社会，绵延了两千多年。

日本的佛陀造像，早期有南北朝风格，后期完全是唐宋遗风，比如日本醍醐寺乃鉴真①东渡所建唐寺。而镰仓时代的造像基本是宋风格，如日本东大寺。

鉴真坐像　唐　日本醍醐寺
引自《佛像的谱系》[（日本）村田靖子著]

① 鉴真（688—763），唐朝僧人，俗姓淳于，扬州江阳县（今江苏扬州）人，律宗南山宗传人，日本佛教律宗开山祖师。晚年受日僧礼请，东渡传律，履险犯难，双目失明，终抵奈良。在传播佛教与盛唐文化上，有很大的历史功绩。日本人民称鉴真为“天平之甍”，意为他的成就足以代表天平时代文化的屋脊（意为高峰）。

垂之久远：唐风的时间影响

自唐始，佛陀造像的造型和表现方式形成了固定模式。佛教自身的体系趋于完备，造像的规制、度量经等业已成形。其后在两宋、元、明，佛陀造像在形制上的发展与变化已非常微弱。

到今天，中国的佛陀造像延续唐的模式已有一千多年，仍有无法超越的唐的精神气质的存在。这就是唐风的魅力。唐创造的范本的影响力，泽被西东，垂之久远。

宋代造像承袭唐制，但宋在政治、军事上一直羸弱，大众企盼的已经不是盛唐所追求的礼赞王权的再次造神模式，而是需要扶助众生的人性化身，所以佛陀造像再次失去了神性的光辉，重回人间。造像的神情里，从容的微笑消失了，不时显出悲悯世间的忧戚。

北宋、南宋佛陀造像的特征极为近似。北宋仁宗限制佛教，而

佛陀立像头部　宋　麦积山石窟 133 窟　宁孜勤拍摄

徽宗又崇信道教，佛教的发展虽被抑制，造像水平却并未因之衰落。宋代彩塑，因其更生活化的情景处理和细腻的塑造手法而被世人认可。这与新材料、新技术的采用密切相关，比如：泥塑上立粉堆金，使服饰的刺绣图案更加立体真实；金属钢铁技术的进步让工具使用更加得心应手；材料也主要采用易于雕造的红、绿砂岩。因此，两宋造像臻于精细，出现炫技苗头。

失之于唐，得之于辽。不得不说，佛陀造像，辽与唐本就有风格上的延续。而作为新崛起的势力，辽、西夏、金的造像更显乐观蓬勃。在北宋失去的笑意又悄悄回到了佛陀的脸上。

元代造像承袭辽金，唐代传入吐蕃的造像艺术在这一时期又传回汉地，元对藏传佛教的依赖使汉地造像风格也有被同化的趋势。元代开凿洞窟较少，泥塑造像遗存也不多，便于携带的小型铜像却开始增多，这或许与游牧民族常年迁移以及藏系传统有关。

双头佛陀立像 西夏 俄罗斯艾尔米塔什博物馆藏 作者拍摄

鎏金铜坐佛　明　故宫博物院藏　屈峰拍摄

明代的佛陀造像进入了炫技时代。西北、西南多以石窟造像出现，而东部、中原地区却是泥塑彩绘为主。明代彩塑达到了中国彩塑的技术高峰。可以说，正是宋做了前期的技术准备，到了明才将其发挥到极致。

明之后，清代的佛陀造像，主体风格依然沐浴在前朝与边疆的融汇与延续之中。在佛陀眉宇间，气韵依旧，虽非劲吹，仍是唐风浩荡。

生漆夹纻坐佛　明　故宫博物院藏
刘雷拍摄

木雕佛陀头像　明　美国纽约大都会博物馆　宁孜勤拍摄

木雕金漆佛立像　清　故宫博物院藏　屈峰拍摄

简要回顾

佛陀造像诞生在古印度。在丝绸之路诸多线路上迈步前行，最终融入华夏文明之中，经历中国多民族的共同吸收与熔炼，淬锻出享誉世界的艺术形式。

佛陀灭度600年后，造像兴起。两大艺术流派发源地犍陀罗和秣菟罗也同时开启传播模式。佛陀造像历经险阻，分别东进、北上，最后形成汇聚中原的合拢态势。

北线东进新疆，经过古代少数民族的洗礼，汇入河西走廊，于此化梵为胡，创立了具有胡化特征的凉州风格，接着便在北朝完成由胡入汉的改造。南线经中南半岛进入中国云南、四川，随即散播到长江流域，在南朝展开了变梵为汉的前期实践。此时南北互通，风格激荡，在北魏晚期孕育出完全汉化的佛陀造

隋承继北朝晚期北周、北齐的短期风格调整。以短暂的统一为唐风做了前期铺垫。此后，唐便以兼纳四海的格局，为佛陀造像赋予了包容万方的天朝风范。

佛陀的容颜，从希腊人的脸、印欧人的神态，过渡到西域面孔，历经河西走廊的胡气氤氲、中原的汉风打磨，熏染以南朝的清秀、北朝之妩媚，直待隋唐，以包容宇内的胸襟孕育出雍容与自信的风范。至此，佛陀有了一张中国人的脸。

佛陀的中国容颜远扬四方。在空间上，流入日本、朝鲜半岛，并回传至中亚、东南亚，甚至印度。在时间上，垂之千年，自宋及元，历明与清，直到今日。

致谢

感谢漓江出版社的诚意邀约促使我完成第一部专著，也感谢出版社的宽容，让我一拖再拖，总算交上了一份满意的答卷。

感谢兰州大学敦煌学研究院郑炳林院长、鲁迅美术学院李象群院长在百忙之中为本书作序，并且从其各自专业领域的角度，给予了中肯的建议和提示。

感谢多年来各地石窟及文博单位的领导和朋友们给予我诸多近距离考察塑像的关照。特别感谢敦煌研究院几任院长给予我参加“敦煌国际论坛”的机会，才有了本书的构想。

感谢麦积山石窟研究所所长李天铭先生、龟兹艺术研究院院长徐永明先生、炳灵寺石窟研究所所长贺延军先生、云冈石窟研究所所长张焯先生、龙门石窟研究院院长余江宁先生、兰州市委宣传部副部长朱建军先生、深圳梵亚博物馆馆长游卓凡先生，以及韩国国立中央博物馆为本书提供文献资料等学术支持。

感谢我的导师田金铎先生在传统文化艺术研究方面给我的启蒙。今年恩师仙逝，以此书敬献作为纪念。感谢在北京十多年来一直指导和帮助我的恩师曹春生先生，他在学术研究和实践过程中给予我大力的支持和鼓励。另外还要感谢另一位恩师何鄂先生在传统彩塑艺术研究上给予我的中肯指导和提示。

感谢我的爱人张舒女士的全力支持和协助。感谢我的家人给我的鼓励。

感谢视界系列丛书的策划人于轶群先生的多方支援，他不仅在写作风格上、书稿架构上给予我精细的指导，同时又肩负着催稿人之职，耐心敦促。

感谢另一位催稿人，也是本书编撰的助理张慧聪女士为本书所做的多方协调工作以及参与本书编写的研讨会速记、资料搜集整理、版式刊定等工作。

感谢为本书提供图片支持的段一鸣先生、宁孜勤先生、苗利辉先生、屈峰先生、刘雷先生、刘子璇女士、张春佳女士、李成先生、孙志军先生、姜维女士、蓝震女士、李翎女士、杨志强先生，以及韩国的朴永洪先生等诸位好朋友。

感谢杨毅先生为本书的排版付出的辛苦努力，也特别感谢我的学生孙家宝、张沥丹、刘可欣、吴振松、刘旺旺等人为本书的排版、手绘插图、数字采集资料、电脑制图等工作的全力付出。

要感谢的人太多，难以一一致谢。在此一并感谢在写书过程中给予我巨大支持和帮助的家人、老师、好友、同事和学生们！

也感谢读者有耐心看到此页。

参考文献

01. 谭婧泽，韩康信 . 中国北方几个古代民族的体征类型和种族属性 [J]. 现代人类学通讯， 2007， 13 (1).

02. 梁思成 . 佛像的历史 [M]. 北京：中国青年出版社， 2010.

03. 安介生 . 民族大迁徙 [M]. 葛剑雄，主编 . 南京：江苏人民出版社， 2011.

04. 胡洪庆，李季莲 . 龟兹艺术研究 [M]. 上海：上海古籍出版社， 2014.

05. 王敏庆 . 北周佛教美术研究：以长安造像为中心 [M]. 北京：社会科学文献出版社， 2013.

06. 敦煌研究院 . 敦煌石窟全集：第 1 卷 莫高窟第 266—275 窟考察报告 [M]. 北京：文物出版社， 2011.

07. 穆罕默德 · 瓦利乌拉 · 汗 . 犍陀罗：来自巴基斯坦的佛教文明 [M]. 陆水林，译 . 北京：五洲传播出版社， 2009.

08. 金维诺 . 中国古代佛雕：佛教造像样式与风格 [M]. 北京：文物出版社， 2002.

09. 雅诺什 · 哈尔马塔 . 中亚文明史：第 2 卷 [M]. 徐文堪，芮传明，译 . 修订版 . 北京：中译出版社， 2017.

10. 吴黎熙 . 佛像解说 [M]. 李雪涛，译 . 第二版 . 北京：社会科学文献出版社， 2010.

11. 李智君 . 关山迢递：河陇历史文化地理研究 [M]. 上海：上海人民出版社， 2011.

12. 古正美 . 从天王传统到佛王传统：中国中世佛教治国意识形态研究 [M]. 台北：商周出版社， 2003.

13. 古正美 . 贵霜佛教政治传统与大乘佛教 [M]. 台北：允晨文化实业股份有限公司， 1993.

14. 斯坦因 . 沿着亚历山大的足迹：印度西北考察记 [M]. 张嘉妹，译 . 上海：中西书局， 2016.

15. 汤用彤 . 汉魏两晋南北朝佛教史 [M]. 北京：商务印书馆， 2015.

16. 宫治昭 . 犍陀罗美术寻踪［M］. 李萍，译 . 北京：人民美术出版社，2006.

17. 宫治昭 . 涅槃和弥勒的图像学：从印度到中亚［M］. 李萍，张清涛，译 . 北京：文物出版社，2009.

18. 王镛 . 印度美术 .［M］. 北京：中国人民大学出版社，2010.

19. 卡尔 · 雅斯贝尔斯 . 论历史的起源与目标［M］. 李雪涛，译 . 上海：华东师范大学出版社，2018.

20. 宿白 . 中国石窟寺研究［M］. 北京：生活 · 读书 · 新知三联书店，2019.

21. 黄春和 . 汉传佛像时代与风格［M］. 北京：文物出版社，2010.

22. 村田靖子 . 佛像的系谱：从犍陀罗到日本——像貌表现与华丽的悬裳座的历史［M］. 金申，译 . 上海：上海辞书出版社，2002.

23. 阮荣春 . 佛教艺术经典：第 1 卷 佛教艺术的发展［M］. 沈阳：辽宁美术出版社，2015.

24. 阮荣春 . 佛教艺术经典：第 2 卷 佛教图像的展开［M］. 沈阳：辽宁美术出版社，2015.

25. 阮荣春 . 佛教艺术经典：第 3 卷 佛教建筑的演进［M］. 沈阳：辽宁美术出版社，2015.

26. 赵玲 . 印度秣菟罗早期佛教造像研究［M］. 上海：上海三联书店，2012.

27. 李凭 . 北魏平城时代［M］. 第三版 . 上海：上海古籍出版社，2014.

28. 王伯敏 . 中国绘画通史［M］. 第二版 . 北京：生活 · 读书 · 新知三联书店，2018.

29. A.H. 达尼 . 巴基斯坦简史：第 1 卷［M］. I.H. 库雷希 . 四川大学外语系翻译组，译 . 成都：四川人民出版社，1974.

30. 余太山 . 贵霜史研究［M］. 北京：商务印书馆，2015.

31. 约翰 · 马歇尔 . 西域文化研究译丛：犍陀罗佛教艺术［M］. 许建英，译 . 乌鲁木齐：

新疆美术摄影出版社，1999.

32. 约翰·马歇尔．塔克西拉：全3卷［M］. 秦立彦，译．昆明：云南人民出版社，2002.
33. 谢继胜．藏传佛教艺术发展史［M］. 上海：上海书画出版社，2010.
34. 孙英刚，何平．犍陀罗文明史［M］. 北京：生活·读书·新知三联书店，2018.
35. 霍旭初，祁小山．丝绸之路·新疆佛教艺术［M］. 乌鲁木齐：新疆大学出版社，2006.
36. 祁小山，王博．丝绸之路·新疆古代文化［M］. 乌鲁木齐：新疆人民出版社，2008.
37. 四川博物院，成都文物考古研究所，四川大学博物馆．四川出土南朝佛教造像［M］. 北京：中华书局，2003.
38. 常任侠．印度与东南亚美术发展史［M］. 合肥：安徽教育出版社，2006.
39. 白文．祀神与解脱：古代印度雕刻艺术［M］. 桂林：广西师范大学出版社，2016.
40. 尚永琪．鸠摩罗什及其时代［M］. 兰州：兰州大学出版社，2014.
41. 张弛．明月出天山：新疆天山走廊的考古与历史［M］. 北京：商务印书馆，2018.
42. 郎天咏．东南亚艺术［M］. 石家庄：河北教育出版社，2003.
43. 马里奥·布萨格里，查娅·帕塔卡娅，B.N. 普里．中亚佛教艺术［M］. 许健英，何汉民，译．贵阳：贵州大学出版社，2015.
44. 何志国．汉晋佛像综合研究［M］. 上海：上海人民出版社，2017.
45. 芮乐伟·韩森．丝绸之路新史［M］. 张湛，译．北京：北京联合出版社，2015.
46. 张掖市文物保护研究所，编．张掖石窟研究文集［M］. 兰州：甘肃人民出版社，2006.
47. 薛宗正，霍旭初．龟兹历史与佛教文化［M］. 北京：商务印书馆，2016.
48. 刘慧．中原北方早期弥勒造像艺术研究［M］. 上海：上海三联书店，2016.
49. 艾哈默德·哈桑·达尼．喀喇昆仑公路沿线人类文明遗迹［M］. 赵俏，译．北京：中国国际广播出版社，2011.

50. 王玉哲．中华民族早期源流［M］. 天津：天津古籍出版社，2010.

51. 王雪梅．弥勒信仰研究［M］. 上海：上海古籍出版社，2016.

52. 何恩之，魏正中．龟兹寻幽：考古重建与视觉再现［M］. 王倩，译．上海：上海古籍出版社，2017.

53. 新疆维吾尔自治区文物局，编．新疆佛教遗址（上、下册）［M］. 北京：科学出版社，2016.

54. 柴焕波．西藏艺术考古［M］. 北京：中国藏学出版社，2002.

55. 魏宏利．北朝关中地区造像记整理与研究［M］. 北京：中国社会科学出版社，2017.

56. 葛兆光，徐文堪，汪荣祖，等．殊方未远：古代中国的疆域、民族与认同［M］. 北京：中华书局，2016.

57. 董志翘，译注．大唐西域记［M］. 北京：中华书局，2012.

58. 王欣．吐火罗史研究［M］. 增订本．北京：中华书局，2017.